工程力学

（第 3 版）

主编　严　丽　孙永红
主审　赵晓明

北京理工大学出版社
BEIJING INSTITUTE OF TECHNOLOGY PRESS

内 容 简 介

本书注重力学基本概念、基本方法和基本原理的理解和掌握，注重理论在工程实际中的应用，以利于培养学生分析问题和解决问题的能力。全书共分为两篇12章。第一篇静力学部分包括静力学的基本概念、平面力系的合成、平面力系的平衡条件及其应用、轮轴类构件的平衡问题及重心；第二篇材料力学部分包括材料力学概述、轴向拉伸和压缩、剪切和挤压、圆轴的扭转、弯曲、组合变形、压杆稳定性问题、动荷应力与交变应力。每章后都有小结、思考题和习题，并附有部分答案。

本书适合用作高等院校近机械类各专业70学时左右的工程力学课程的教学用书，也可供成人教育等的机械类及其相关专业技术人员参考。

图书在版编目（CIP）数据

工程力学 / 严丽，孙永红主编. -- 3 版. -- 北京：北京理工大学出版社，2018.8（2025.8 重印）
ISBN 978-7-5682-6111-1

Ⅰ. ①工… Ⅱ. ①严… ②孙… Ⅲ. ①工程力学-高等学校-教材 Ⅳ. ①TB12

中国版本图书馆 CIP 数据核字（2018）第 189870 号

责任编辑：张旭莉	**文案编辑：**张旭莉
责任校对：周瑞红	**责任印制：**李志强

出版发行 / 北京理工大学出版社有限责任公司
社　　址 / 北京市丰台区四合庄路 6 号
邮　　编 / 100070
电　　话 / （010）68914026（教材售后服务热线）
　　　　　　（010）63726648（课件资源服务热线）
网　　址 / http://www.bitpress.com.cn

版印次 / 2025 年 8 月第 3 版第 10 次印刷
印　　刷 / 北京虎彩文化传播有限公司
开　　本 / 787 mm×1092 mm　1/16
印　　张 / 13
字　　数 / 306 千字
定　　价 / 49.00 元

前　　言

本书是为了适应高等教育快速发展的需要，根据教育部对高等教育工程力学课程教学的基本要求、高等技术人才培养目标，以及对高等技术人才素质的要求而编写的。本书适合用作高等院校机械类和近机械类各专业 70 学时左右的工程力学课程的教学用书，也可供成人教育等的机械类及其相关专业技术人员参考。

本书的内容包括静力学和材料力学两部分。编写的目标是力图贯彻高等教育"以应用为目的，以必需、够用为度"的原则，尽力体现高等教育的特色，在理论上着重讲清基本的力学概念，简化理论推导，强化应用作为重点，以满足培养高等应用型、技能型职业技术人才的广泛和迫切的需求。本书每章后有小结、思考题和习题，书中带"＊"号的部分为选学和延伸内容，可根据专业要求和学时情况酌情取舍，以适应生源多样化的教学需求。

参加本书编写的有孙永红（1、2、3、4 章）、严丽（5、6、7、8 章）和王长昕（9、10、11、12 章）。

本书由上海交通大学赵晓明教授担任主审。他提出了不少宝贵的意见，在此向他表示衷心的感谢。

限于编者水平，书中错误与不妥之处在所难免，敬请读者给予批评指正。

编　者

目　录

第二篇 材料力学

 **绪　　论**

1. 力学及其分类

力学是研究物质机械运动规律的科学。力学按照其所研究的对象分为一般力学、固体力学和流体力学三个分支。

一般力学的研究对象是质点、质点系、刚体和多刚体系统。一般力学研究力及其与运动的关系，属于一般力学范畴的有理论力学（包括静力学、运动学与动力学）、分析力学和振动理论等。

固体力学的研究对象是可变形固体。固体力学研究在外力作用下，可变形固体内部各质点所产生的位移、运动、应力、应变及破坏等的规律，属于固体力学范畴的有材料力学、结构力学、弹性力学和塑性力学等。

流体力学的研究对象是气体和液体，也采用连续介质假设。流体力学研究流体在力的作用下的运动规律等，属于流体力学的有水力学、空气动力学和环境流体力学等。

按研究手段力学还有实验力学和计算力学两个方面的分支。力学在各工程技术领域的应用也形成了诸如飞行力学、船舶结构力学、岩土力学、建筑结构力学和生物力学等各种应用力学分支。

2. 工程力学（本教材）的内容

工程力学是将力学原理应用于有实际意义的工程系统的科学。适应少学时教学的需要，本教材只包括了最基础内容的研究：静力学与材料力学。

静力学（第一篇）研究刚体在力系作用下的平衡规律。静力学的主要任务是作出被研究物体的受力图，建立平衡条件求解未知力或简化力系。

材料力学（第二篇）是研究构件承载能力的科学。构件的承载能力包括强度、刚度和稳定性方面的问题。强度是指构件抵抗破坏或塑性变形的能力；刚度是指构件抵抗弹性变形的能力；稳定性是指受压力的细长直杆保持其原有直线平衡状态的能力。材料力学的主要任务是：在保证构件既安全又经济的前提下，为构件选择合适的材料、确定合理的截面形状和尺寸提供必要的理论基础、计算方法和实验技术。

3. 力学发展简史

力学发展史，就是人类从自然现象和生产活动中认识和应用物体机械运动规律的历史。主要分为四个阶段。

（1）17 世纪前，力学的起源。

中国春秋时期（公元前 4—前 3 世纪），墨翟及其弟子的著作《墨经》中，就有关于力的概念、杠杆平衡、重心、浮力、强度和刚度的叙述。古希腊哲学家亚里士多德（公元前 384—前 322 年）的著作也有关于杠杆和运动的见解。为静力学奠定基础的是著名的古希腊科学家阿基米德（公元前 287—212 年）。

（2）17—19 世纪，经典力学（研究宏观物体的运动规律）的建立和完善，力学各主要分支的建立。

1687 年，牛顿的著作《自然哲学的数学原理》出版，给出了运动三定律。牛顿运动定律的建立，开创了经典力学的新时代。这一时期，力学在自然科学领域占据中心地位。最伟大的科学家几乎都集中在这一学科，如伽利略、牛顿、胡克、拉格朗日、欧拉等。由于这些杰出科学家的努力，借助于当时取得的数学进展，使力学取得了十分辉煌的成就。到 18 世纪末，经典力学的基础（静力学、运动学和动力学）已经建立并得到极大的完善，同时，还开始材料力学、流体力学以及固体和流体的物性研究。19 世纪，欧洲各主要国家相继完成了工业革命，大机器工业生产对力学提出了更高的要求。为适应当时土木建筑、机械制造和交通运输的发展，主要是材料力学、结构力学和流体力学得到了发展和完善。建筑、机械中出现的大量强度和刚度问题，由材料力学或结构力学计算。作为探索普遍规律而进行的基础研究，弹性力学也取得了很大的进展。

（3）1900—1960 年，近代力学。

这半个多世纪，力学的主要推动力来自以航空为代表的近代工程技术。1903 年莱特兄弟飞行成功。1957 年，人造地球卫星发射成功。力学解决了各种飞行器的空气动力学性能问题、推进器动力学问题、飞行稳定性和操纵性问题及结构和材料的强度等问题。这一时期，由古老的材料力学、19 世纪发展起来的弹性力学和结构力学、20 世纪前期建立理论体系的塑性力学和粘弹性力学融合而成的固体力学发展迅速，建立和开辟了弹性动力学、塑性动力学等新的领域。空气动力学则是流体力学在航空、航天事业推动下的主要发展。在固体力学、流体力学形成力学分支的同时，以质点、质点系、刚体和多刚体系统等具有有限自由度的离散系统为研究对象的一般力学，也在技术进步的促进下继续发展。

（4）1960 年以后，现代力学。

20 世纪 60 年代以来，力学与计算技术和其他自然科学学科广泛结合，进入了现代力学的新时代。计算机的迅速发展，使力学在理论与实验这两种传统研究手段外，增加了第三种手段，即计算力学。生物力学在考虑生物形态和组织的基础上，测定生物材料的力学性能，确定其物理关系，再结合力学基本原理研究解决问题，在定量生理学、心血管系统临床问题和生物医学工程方面取得了不少成就。断裂力学的迅速发展，改变了工程界对强度或安全设计和材料性能评价的传统观点，促进了设计技术的进步。由传统的金属材料、土木石等材料力学行为的研究，扩大到新型复合材料、高分子材料、结构陶瓷、功能材料等力学行为的研究。

4. 工程力学的研究方法

工程力学研究解决问题的一般方法，可归纳为：

（1）对研究系统进行抽象简化，建立力学模型，其中包括几何形状、材料性能、载荷及约束等真实情况的理想化和简化。

（2）将力学原理应用于理想模型，进行分析、推理，得出结论。

（3）验证结果，若得出的结论不能满意，则需要重新考虑关于系统特性的假设，建立不同的模型，进行分析，以期取得进展。

上述方法中，建立力学模型是最关键的。一个好的力学模型，既能使问题求解简化，又能使结果基本符合实际情况，满足所要求的精度。例如，在处理普通工程构件（如杆、梁、轴等）时，可以先将其理想化为刚体，研究其受力；进一步，将其视为变形体，并假定其变形是弹性（卸载后变形能完全恢复）的，研究构件的弹性变形情况；如果再引入材料的塑性（卸载后变形不能恢复）性态，即可研究其弹—塑性行为。

5. 工程力学的性质与学习方法

工程力学是机械类和近机械类专业中一门理论性较强的技术基础课。许多后继专业课都要以工程力学为基础，如机械设计基础、机械制造工艺与装备、液压与气动等。

在本课程学习中要注意以下几点：

（1）理解概念。

（2）掌握方法。

（3）完成一定量的习题。

（4）本课程前后内容联系紧密，要跟上教学进度。

（5）在静力学学习中，尽量不用高中物理中的力学解题方法。

（6）遇到疑难问题要及时记下，并通过各种方法解决。

第一篇
静 力 学

力是物体间的相互作用。

相互直接接触的物体，通过接触表面一定有力的相互作用（除非证明其为零），这类力称为表面力，如两物体间的接触压力、容器壁上的液体压力等。表面力一般是分布在一定接触面积上的分布力，若接触面积很小时，可简化为集中力。

非直接接触的物体，也可以有力的相互作用，如物体的重力等。这些力是作用在物体整个体积内的分布力，与其体积和重力有关，故称为体积力。

在本课程的研究中，分析和研究的主要是物体接触表面间的表面力。

力是看不见也不可直接度量的，可以直接观察或度量的是力的作用效果。

使 1 千克（kg）质量的物体产生 1 米/秒^2（m/s^2）加速度的力，在国际单位制中就定义为 1 牛顿（N）。力的常用单位为 N 或 kN，$1kN = 10^3 N$。

力是矢量。力不仅有大小，还有方向。力对物体的作用效果，取决于力的大小、方向和作用点，称为力的三要素。

作用于物体上的一组力叫做力系。

静力学研究的是作用在刚体上的力系的简化和力系平衡规律。

所谓刚体，是指受力后形状和大小均不发生改变的物体。绝对刚体实际上是不存在的。在力的作用下，任何物体都会发生变形，只是变形量的大小不同而已。对于变形很小的固体，在暂时不研究物体变形的时候，这一简化模型为作用于物体上力系的研究提供了很大的方便。

所谓平衡，是指物体相对于地面保持静止或做匀速直线运动的状态。

作用于物体上的力系使物体处于平衡所应当满足的条件，称为力系的平衡条件。

在静力学中，所研究的对象（物体或物体系统）被抽象为刚体，故暂不考虑物体的变形。所讨论的状态是平衡状态，所以也不考虑物体运动状态的改变。

因此，静力学研究的基本问题是作用于刚体之力系的平衡问题，包括：

（1）受力分析：分析研究对象的受力情况，作出受力图。

（2）力系的简化：求力系的合力，以此判断物体的运动状态。

（3）力系的平衡条件及应用：对于平衡状态的物体，利用平衡条件解决工程中的各种问题，例如求解未知力。

第 1 章
静力学基础

1.1　静力学公理

静力学公理是人类从反复实践中总结出来的客观规律，是静力学的基础。

1.1.1　公理一（二力平衡公理）

作用于刚体上的两个力使刚体平衡的必要和充分条件是：这两个力大小相等、方向相反，并作用在同一直线上，这称为二力平衡公理，如图 1-1（a）所示。

反之，若刚体在且仅在两个力的作用下处于平衡，则此二力必大小相等、方向相反且作用在两受力点的连线上。图 1-1（b）中的三铰拱在力 F 的作用下处于平衡，曲杆 AB、BC 两部分各自也是平衡的。若不计杆的自重，则 BC 杆是在 B、C 处受二力作用而处于平衡的，故 B、C 处的两个力必作用在两受力点 B、C 的连线上，且大小相等、方向相反，如图 1-1（c）所示。这类只在两点受力的无重杆或无重构件，在工程实际中常见，称为二力杆或二力构件。

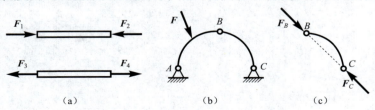

图 1-1　二力构件

（a）二力平衡；（b）三铰拱处于平衡；（c）二力杆平衡

1.1.2 公理二（加减平衡力系公理）

该公理认为：在力系中加上或减去一平衡力系并不改变原力系对刚体的作用效果。

一个力系的作用效果使得刚体处于静止或匀速直线运动状态，则该力系称为平衡力系。由于平衡力系不影响刚体的运动状态，这个公理是显而易见的。由这个公理我们可以得到一个重要的推论：作用在刚体上某点的力，沿其作用线移到刚体内任一点，不会改变它对刚体的作用，这称为力的可传性原理。如图1-2，力 F 由 A 沿力线移到 B 点，不改变对刚体的作用效果。

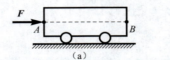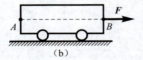

图1-2 力的可传性

（a）力在 A 点；（b）力移到 B 点

根据力的可传性，力的三要素也可以描述为力的大小、方向和作用线。

需要指出的是，力的可传性仅仅适用于刚体，对于变形体（材料力学将要讨论到）则不再适用。

1.1.3 公理三（力的平行四边形公理）

作用于刚体上同一点的两个力的合力也作用于同一点，其大小和方向由这两个力为边所构成的平行四边形的对角线来表示，如图1-3（a）所示。本公理的矢量表示为

$$F_R = F_1 + F_2 \tag{1-1}$$

利用力的平行四边形公理求合力的方法，可以简化为图1-3（b）所示的力三角形法则，即将二分力首尾相接，则与分力首尾相对的第三边即为所求之合力 F_R。

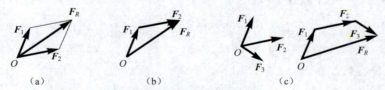

图1-3 共点力的合成（几何法）

（a）平行四边形公理；（b）力三角形法则；（c）力多边形法则

求作用于同一点的多个力的合力时，仍然可以利用力三角形法则，将各个力依次首尾相接，则他们的合力依然是始于它们的起点，而终于它们的终点，成为这个"力多边形"的封闭边，如图1-3（c）所示，这种方法称为力多边形法则。

上述求共点力合力的方法，称为几何法。

特别地，如图1-4（a），当 F_1 与 F_2 垂直时，其

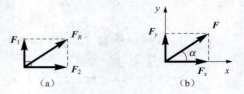

图1-4 力的正交分解

（a）合力 F_R；（b）力的正交分解

合力 F_R 的大小为

$$F_R = \sqrt{F_1^2 + F_2^2} \qquad (1-2)$$

反过来，用该公理也可以把一个力分解为两个互相垂直的分力，称力的正交分解。如图 1-4（b），力 F 的两正交分力 F_x 与 F_y 的大小分别为

$$F_x = F\cos \alpha \qquad (1-3)$$
$$F_y = F\sin \alpha$$

式中　α——力 F 与 x 轴的夹角。

1.1.4　公理四（作用与反作用公理）

该公理就是牛顿第三定律：两个物体之间的相互作用力总是同时存在，且大小相等、方向相反，沿同一作用线，分别作用在两个物体上。

图 1-5（b）是图 1-5（a）的受力图，其中，F_{AB} 与 F'_{AB} 互为反作用力，它们分别作用在 BA 杆的 A 端和销钉 A 上，等值、反向、共线。同理，F_{AC} 与 F'_{AC} 也互为反作用力。

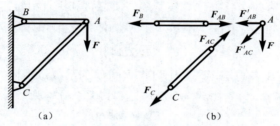

图 1-5　作用力与反作用力
（a）杆件受力 F；（b）受力图

需要注意，作用力和反作用力虽然大小相等、方向相反，沿同一条作用线，但它们不是平衡力，因为它们作用在不同的物体上。这与二力平衡公理中的情况不同。二力平衡时的二力是作用在同一个物体上的。例如，图 1-5（b）中的 F_B 与 F_{AB} 是二力平衡，F_C 与 F_{AC} 也是二力平衡。

1.2　力矩与力偶

1.2.1　力矩

力对刚体的运动效应包括移动和转动效应。如图 1-6 所示，加在扳手上的力 F 有使螺母绕 O 点转动的效果，其转动效果取决于力 F 的大小与力臂 d 的乘积。力学上把力 F 使刚体绕 O 点转动的效果用力 F 对 O 点之矩来度量，简称力矩，用 $m_O(F)$ 表示，即

$$m_O(F) = \pm F \cdot d \qquad (1-4)$$

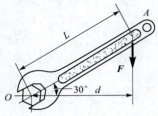

图 1-6　力对点之矩

式中　$m_O(\boldsymbol{F})$——力 $\boldsymbol{F}$ 对 O 点的力矩；

　　　　d——为点 O（称为力矩中心或简称矩心）到力 $\boldsymbol{F}$ 作用线的垂直距离，称为力臂；

　　　　$\pm$——表示转动方向，逆时针转动为正，顺时针转动为负。

力矩的单位为 $N \cdot m$、$N \cdot mm$ 或 $kN \cdot m$。

力的作用线通过矩心 O 时，力臂 d 等于零，则力对点 O 之矩为零。

例 1-1　图 1-6 中，若 $F = 20\ N$，扳手手柄长 $L = 200\ mm$，$\boldsymbol{F}$ 与手柄的夹角为 $60°$，求 $\boldsymbol{F}$ 对 O 点的力矩。

解　$m_O(\boldsymbol{F}) = -FL\sin 60° = -20 \times 0.2 \times \sqrt{3}/2 = -3.46\ N \cdot m$

1.2.2　合力矩定理（证明过程略）

在力矩的计算中，有时力臂的计算较繁琐，所以常利用合力矩定理来计算。

合力 $\boldsymbol{F}_R$ 对某点的力矩等于各分力 $\boldsymbol{F}_i$ 对该点力矩的代数和，这就是合力矩定理，即

$$m_O(\boldsymbol{F}_R) = \sum m_O(\boldsymbol{F}_i) \tag{1-5}$$

在例 1-1 中，若应用合力矩定理，则可将 $\boldsymbol{F}$ 分解为沿扳手手柄方向的力 $\boldsymbol{F}_x$ 和与扳手手柄垂直的力 $\boldsymbol{F}_y$（图中未作出），由式（1-3）易知其大小分别为

$$F_x = F\cos 60°$$

$$F_y = F\sin 60°$$

由式（1-5）得

$$m_O(\boldsymbol{F}) = m_O(\boldsymbol{F}_x) + m_O(\boldsymbol{F}_y) = 0 + F\sin 60° \cdot L = 3.46\ N \cdot m$$

1.2.3　力偶

1. 力偶的概念

作用在同一物体上，大小相等、方向相反、作用线相互平行而不重合的两个力称为力偶。其对刚体有且只有转动效应。例如，汽车司机用双手转动方向盘，工人用双手转动丝锥攻丝，用两个手指转动水龙头，用两只手拧开瓶盖等（见图 1-7）。

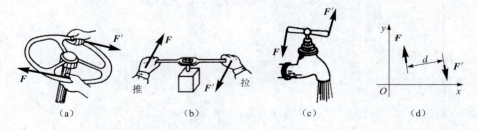

图 1-7　平面力偶

（a）转动方向盘；（b）转动丝锥攻丝；（c）转动水龙头；（d）力偶的图示

图1-7（d）中作用在 Oxy 平面内的力偶由（$\boldsymbol{F}$, $\boldsymbol{F'}$）组成，两力作用线间的垂直距离 d 称为力偶臂。两个力所在的平面称为力偶作用面。定义 F 与 d 之积为度量力偶对刚体转动效应的物理量，称为力偶矩，记作

$$M(\boldsymbol{F}, \boldsymbol{F'}) = \pm F \cdot d \qquad (1-6)$$

式中　　M（$\boldsymbol{F}$, $\boldsymbol{F'}$）——力偶（$\boldsymbol{F}$, $\boldsymbol{F'}$）的力偶矩；

d——力偶臂，力偶中两力作用线的垂直距离；

$\pm$——表示转动方向，逆时针转动为正，顺时针转动为负。

力偶矩的单位同样为 N·m、N·mm 或 kN·m。

2. 力偶的性质

力偶有如下性质：

（1）力偶无合力。力偶中的两个力不共线，因而不能用平行四边形公理来求合力，即力偶无合力。力偶中的两个力对物体有且只有转动效应，无移动效应，是最简单的非平衡力系。从这个意义上说，力偶与力是组成力系的两个并列的基本量。

（2）力偶中的两个力，对力偶作用面任一点力矩的代数和恒等于力偶矩，即

$$M_O(\boldsymbol{F}, \boldsymbol{F'}) = M(\boldsymbol{F}, \boldsymbol{F'}) = \pm F \cdot d$$

其中，O 为力偶作用面内的任意点。该性质表明，力偶对物体的转动效应取决于力偶矩的大小，故很多情况下无须关注力偶臂或力的大小等具体情况，力偶常简记为图1-8中所示的形式：

（a） （b）

图1-8　力偶的代号

（a）逆时针力偶；（b）顺时针力偶

力偶矩的大小、力偶的转向及力偶作用面称为力偶的三要素。

（3）力偶可转移，即力偶在其作用面上可任意转动和移动，对刚体的作用效应不变，如图1-9（a）所示。

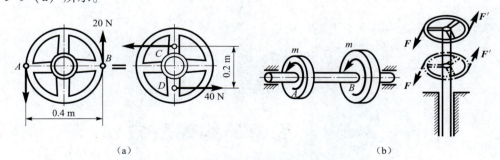

（a） （b）

图1-9　力偶的性质

（a）力偶的转移和改装；（b）力偶的平移

（4）力偶可改装，即保持力偶矩的大小及转向不变，可同时改变两力的大小及力偶臂

的长短，对刚体的作用效应不变。如图1-9（a）所示，司机的双手转动方向盘时，无论是将力加在A、B两点，还是加在C、D两点，对方向盘的转动效应都是相同的，前提是保持力偶矩的大小和转向不变。

（5）力偶可平移，即在同一刚体上，力偶可平行移动，对刚体的作用效应不变。如图1-9（b）所示，力偶作用在轮A上或轮B上对轴的转动效应是相同的，即可看成力偶平行移动不改变对刚体的效果。

3. 平面力偶系的合成

作用于同一刚体且作用面在同一平面上的若干个力偶称为平面力偶系。

设（F_1，F'_1）和（F_2，F'_2）为作用在某刚体同一平面内的两个力偶，见图1-10。其力偶臂分别为d_1、d_2，力偶矩分别为m_1、m_2，于是有

$$m_1 = F_1 \cdot d_1 \qquad m_2 = F_2 \cdot d_2$$

在力偶作用面内任取线段$AB = d$，于是可将原力偶改变成为两个等效力偶（P_1，P'_1）和（P_2，P'_2）。显然，P_1和P_2的大小分别为

$$P_1 = \frac{m_1}{d} \qquad P_2 = \frac{m_2}{d}$$

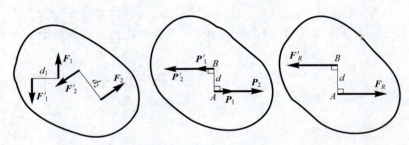

图1-10　平面力偶的合成

分别将共点力P_1、P_2和P'_1、P'_2合成为F_R、F'_R，显然，F_R、F'_R为等值、反向的两平行力，组成一新力偶，此力偶即为原来两力偶的合力偶。其力偶矩为

$$M = F_R \cdot d = (P_1 + P_2) \cdot d = \left(\frac{m_1}{d} + \frac{m_2}{d}\right) \cdot d = m_1 + m_2$$

若作用在同一平面内有n个力偶，则其合力偶矩M为

$$M = m_1 + m_2 + m_3 + \cdots + m_n = \sum m \tag{1-7}$$

1.3　约束与约束反力

可以在空间作任意运动的物体称为自由体，如射出枪膛的子弹。运动受到限制的物体则为非自由体，如重物受到绳索的限制（图1-11（a））、球受到地面的支持（图1-11（b））

等。工程中的构件基本上都是非自由体。

限制非自由体运动的物体称为约束，如绳索是重物的约束，轴承是轴的约束等。

使物体产生运动或运动趋势的力称为主动力或载荷。约束限制物体运动的力称为约束反力或反力。如图1-11中重力 G 是主动力，绳索作用于重物的拉力 F_T 为约束反力。

约束反力是被动力，其大小取决于物体受到的主动力，故通常是未知的。例如图1-11中，拉力 F_T 的大小取决于重力 G。

约束反力的作用点应在约束与被约束物体的接触面上。约束反力的方向应与约束所能限制的运动方向相反。这是确定约束反力的方向和作用点的基本依据。下面分类讨论工程中常见约束的约束反力。

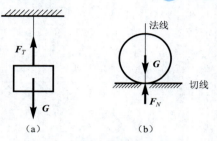

图1-11　柔体约束和光滑接触约束
（a）柔体约束；（b）光滑接触约束

1.3.1　柔体约束

如绳索、皮带和链条等，只能受拉不能受压，故其提供给非自由体的约束反力只能是拉力，方向沿柔体自身的中心线背离被约束物体，如图1-11（a）中的约束反力 F_T。

1.3.2　光滑接触约束

光滑接触约束是指不考虑接触面间摩擦的光滑接触（如图1-11（b））。光滑约束只能限制物体沿接触面公法线方向朝向约束的运动，故约束反力是沿接触处的公法线且指向物体的支持力（或压力），如图1-11（b）中的 F_N。对于平面图形，接触点公切线的垂线方向即为公法线方向。

1.3.3　光滑圆柱铰链约束

1. 铰链约束的结构和形式

在结构物中，常见到两个构件被联在一起，能相对转动但不能相对移动，则称这两个构件互为铰链约束。如门铰使门只能绕门框转动，但不能使其分离（除非将门铰约束破坏掉）。铰链的基本结构是将圆柱形销钉穿入两个被连接构件的圆孔中，不计摩擦，如图1-12所示。铰链约束有不同的形式。

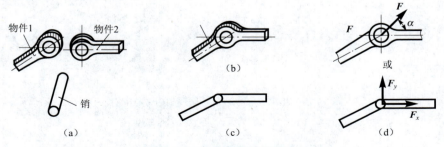

图1-12　光滑圆柱铰链约束
（a）铰链的构造；（b）铰链实物；（c）铰链的力学模型；（d）铰链的约束反力

　　如果其中一个构件是固定件，比如与地基或机座固定在一起等，我们称此类铰链约束为固定铰支座（见图1-13，图1-14中的 O 点）。如果两构件都不是固定件，则称该铰链为中间铰链（见图1-14中的 A、B 点）。另外还有可动铰支座（见图1-15），其中一个构件可以沿支持面滚动。

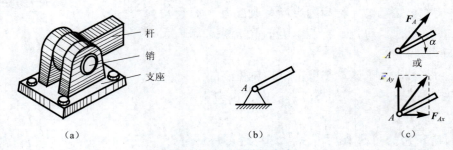

（a）　　　　　　　（b）　　　　　　　（c）

图 1-13　固定铰链支座

（a）实体；（b）力学模型；（c）约束反力

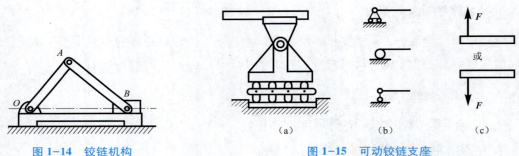

图 1-14　铰链机构

（a）　　　　　　（b）　　　　　　（c）

图 1-15　可动铰链支座

（a）实体；（b）力学模型；（c）约束反力

2. 铰链的约束反力

　　光滑圆柱铰链的实质是两构件与销钉间的光滑接触约束，因此其约束反力是一个支持力，作用线沿其接触点的公法线。但很多情形下接触点难以确定，为了简化研究，约束反力作用线不能确定时，通常用其两个正交的分力来表示，如图1-16所示。铰链约束反力的箭头指向则可以任意假设（注：在第3章里可以很方便地计算出箭头的正确指向）。

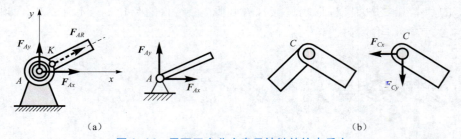

（a）　　　　　　　　　　　　　　（b）

图 1-16　用两正交分力表示铰链的约束反力

（a）固定铰键链；（b）中间铰链

　　有两种情形铰链的约束反力作用线是可以确定的：可动铰支座和二力杆。

　　（1）可动铰支座。可动铰支座不能限制构件沿支持面切线方向上的运动，因此无切线方向的反力。其约束反力作用线沿支持面法线方向（垂直于支持面），如图 1-15 和 1-17 的 A 点。

（2）二力杆。如图 1-18 中的 BC 杆，两端均为铰链约束，中间无其他力（注：在本书中，除非明确指出，否则重力均忽略不计），故这种杆件只在两端受两个力，称作二力杆。因 BC 杆处于平衡状态，故 B、C 铰链的约束反力应满足二力平衡公理，即两力的作用线沿两端点的连线，且等值、反向。在作受力图时，通常先作出一端的约束反力，另一端的约束反力与其反向即可。二力杆在建筑和桥梁工程中很常见，因为其自重与其承受的载荷相比较小，往往忽略其重力以简化研究。

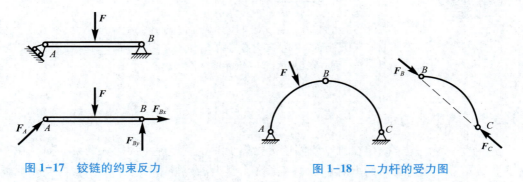

图 1-17　铰链的约束反力　　　　　　　　图 1-18　二力杆的受力图

综上所述，可动铰支座和二力杆的铰链其约束反力作用线方向可以确定，因此只作一个反力，其他情形的铰链则作两个正交的约束反力。其箭头指向可以任意假设。

1.3.4　轴承约束

轴承是机械结构中的重要零件，其主要作用是支承轴，并承受轴上的载荷。在第 4 章研究轮轴类构件时，轴承将是轴的主要约束，故在此简要介绍轴承的约束反力。

图 1-19 中的轴承只能限制轴沿半径方向的移动，这类轴承称向心轴承。其力学模型见图 1-19（c）中的 A、B。向心轴承提供给轴的约束反力通常是通过轴横截面的一个平面力，方向不确定，一般也用两正交分力来表示，箭头指向可任意假设，类似于铰链的画法，见图 1-19（a）、（b）。

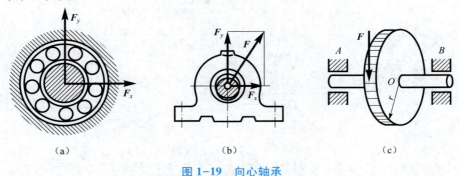

（a）　　　　　　　　（b）　　　　　　　　（c）

图 1-19　向心轴承

（a）滚动轴承；（b）滑动轴承；（c）轴承的力学模型

图 1-20（a）中的轴承除了限制轴的径向移动，还能限制轴的轴向移动，故称这类轴承为向心推力轴承。其约束反力用三个互相垂直的分力来表示，见图 1-20（b）。

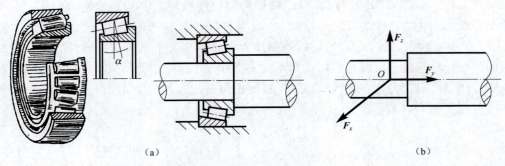

（a）   （b）

图 1-20 向心推力轴承

（a）向心推力轴承；（b）轴承的约束反力

1.3.5 固定端约束

当构件的一端被牢牢固定在机座或墙壁等物体上时，就形成了固定端约束，如钉在墙上或柱子上的支架、固定在刀架上的车刀、夹紧在卡盘上的工件、楼房上的阳台、埋入地下的电线杆等，如图 1-21 所示。固定端约束能限制构件所有的移动和转动，故其约束反力视主动力类型而定。对于平面力系，固定端约束（其力学模型见图 1-22（a））能限制构件在平面内的移动和转动，其约束反力包括两正交分力（限制平面内两个方向上的移动）和一个约束反力偶（限制平面内的转动），见图 1-22（b）。力和力偶的箭头指向均可假设。

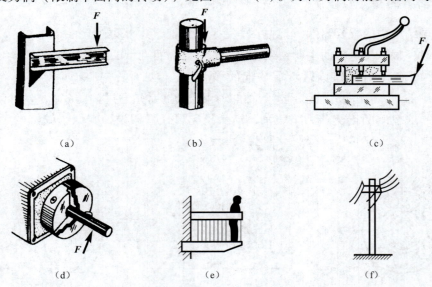

（a）   （b）   （c）

（d）   （e）   （f）

图 1-21 固定端约束实例

（a）固定在墙上的支架；（b）固定在柱子上的支架；（c）固定在刀架上的车刀；

（d）夹紧的工件；（e）阳台；（f）埋入地下的电线杆

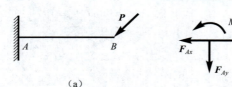

（a）　　　　　　　　　　　　（b）

图 1-22　固定端约束的力学模型和约束反力

（a）力学模型；（b）约束反力

1.4　受力分析和受力图

静力学的主要任务是研究物体在主动力和约束反力作用下的平衡问题。为了研究力的平衡，首先要对物体作受力分析，画出受力图。将所要研究的对象从周围物体的约束中分离出来，画出作用在研究对象上的全部力（包括力偶），这样的图叫做受力图。

画受力图是静力学研究中的第一步，也是最重要的一步。如果受力图表达有错误，则后续的分析计算不可能得到正确结果，因此，必须十分认真仔细。研究对象可以是单个物体或是物系（由两个以上物体组成的系统），现分别进行研究。

1.4.1　单个物体的受力图

单个物体的受力图相对简单，但很重要。作受力图的步骤是：

（1）取分离体：即解除该研究对象的约束，并作出其轮廓。

（2）作主动力：在分离体上画出全部主动力，并为各力标注代号以方便后续计算。

（3）作约束反力：分别分析各约束的类型并作出全部约束反力，并为各力标注代号。

例 1-2　设小球重力为 G，在 A 处用绳索系在墙上，如图 1-23（a），试画出小球的受力图。

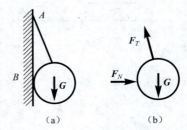

解　（1）取分离体，作小球的轮廓参见图 1-23（b）。

（2）作主动力，主动力为重力 G，垂直向下，作用点在小球球心。

（3）作约束反力：约束反力有两个，一是绳索的拉力 F_T，属于柔体约束，作用于 A 点，沿绳索离开小球；二是墙面的支持力 F_N，属于光滑接触约束，作用点为接触点 B，约束反力垂直墙面指向小球。

（a）　　　　　（b）

图 1-23　作小球的受力图

（a）小球受力；（b）受力图

注：不要将 F_N 画到球心上。

例 1-3　构件 AB 左端为可动铰支座，右端为固定铰支座，如图 1-24（a）所示，C 处作用一力 F，试画出其受力图。

解　（1）作 AB 杆的轮廓，参见图 1-24（b）。

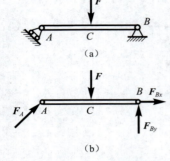

图 1-24　作杆的受力图

（a）构件 AB 受力；（b）受力图

（2）作主动力：主动力为已知力 F。

（3）作约束反力：A 端为可动铰支座，有一个垂直于支持面方向的约束反力 F_A。B 端为固定铰支座，约束反力作用线难以确定，故作两个正交分力 F_{Bx} 和 F_{By}。

例 1-4　图 1-25（a）中，构件 AB 左端为固定端约束，试画出 AB 杆的受力图。

解　（1）作 AB 杆的轮廓，参见图 1-25（b）。

（2）作主动力：主动力为已知力 F、已知力偶 M 和均布载荷 q。

（3）作约束反力：A 端为固定端约束，约束反力有三项，包括两个正交分力 F_{Ax}、F_{Ay} 和一个约束反力偶 M_A。

例 1-5　如图 1-26（a），轴放置在 A、B 两轴承上，齿轮 C、D 上分别作用着水平和铅垂的力，试画出轴 AB 的受力图。

解　（1）作轴 AB 的轮廓，参见图 1-26（b）。

（2）作主动力：抄下 4 个已知力。

（3）作约束反力：因为主动力分别沿 x 轴和 z 轴，故 A、B 轴承提供给轴的约束反力也分别沿 x 轴和 z 轴，即 F_{Ax}、F_{Az} 和 F_{Bx}、F_{Bz}，见图 1-26（b）。

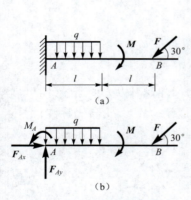

图 1-25　作杆的受力图

（a）构件 AB 受力；（b）受力图

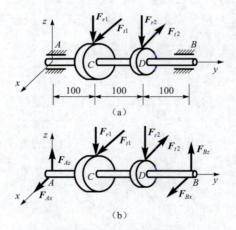

图 1-26　作轴的受力图

（a）轴受力；（b）轴受力图

1.4.2　物系的受力图

物系的受力图较复杂，主要步骤如下：

（1）明确研究对象：要明确是画物系整体的受力图还是拆开每个构件画受力图，一定要取研究对象的分离体。铰链节点上只在有主动力作用时才作为研究对象。

（2）作研究对象上的主动力。

（3）作研究对象所受的约束反力：要注意作用力与反作用力的关系（公理四），并注意判别物系中有无二力杆。

例 1-6　如图 1-27（a），A、B、C 三点均为铰接，AB 和 AC 杆均不计自重，分别作出各构件的受力图。

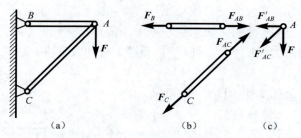

图 1-27　作物系的受力图

（a）铰接杆 AB、AC；（b）AB 和 AC 杆受力图；（c）节点 A 受力图

解　当节点上有主动力时，通常需将其作为研究对象作受力图，因此该物系由 AB 杆、AC 杆和节点 A 组成。

AB 和 AC 杆均只在两端铰接受力为二力杆，其受力图见 1-27（b）。

节点 A 的受力图见图 1-27（c）。注意力 F_{AB} 与 F'_{AB}、力 F_{AC} 与 F'_{AC} 互为反作用力。

例 1-7　某结构如图 1-28（a）所示，试作出各构件的受力图及该结构整体的受力图。

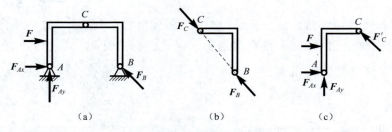

图 1-28　作物系的受力图

（a）某结构受力；（b）BC 杆受力图；（c）AC 杆受力图

解　节点 C 上无主动力，不作为研究对象。因此该物系由 AC 和 BC 两构件组成，各处均为铰接，BC 为二力杆。

（1）BC 杆：由于折杆 BC 为二力杆，受力一定沿 BC 的连线，且大小相等方向相反，参见图 1-28（b）。

（2）AC 杆：根据公理四，折杆 AC 在 C 的受力一定与 F_C 大小相等方向相反，见图 1-28（c）。AC 杆不是二力杆，A 点有两个约束反力见图。

（3）物系整体的受力图：将整个 AB 杆视为一个整体，只画物系外部约束的反力。此时 C 处的铰链约束是物系内部的约束，不作其反力。AB 杆不是二力杆，A、B 均为固定铰支座，它们各有两个约束反力，参见图 1-28（a）。

例 1-8　试画出图 1-29（a）所示组合梁整体及各段梁的受力图。

解　BD 段梁上承受有沿长度方向均匀连续分布的载荷，简称均布载荷。其载荷集度一

般用 q 表示，单位为 kN/m。

梁 AC 的受力如图 1-29（c）所示，将主动力偶 m 和 BC 段上的均布载荷 q 抄下来，A 端的约束是固定端约束。其两个约束反力和一个约束反力偶分别用 F_{Ax}、F_{Ay} 和 m_A 表示，方向假设如图。C 处铰链约束作两个正交的约束反力 F_{Cx} 和 F_{Cy}。

图 1-29（d）中，梁 CE 段受主动载荷 q 作用，依据图 1-29（b）。由公理四可将 C 处中间铰对梁 CD 的约束反力表示为 F'_{Cx} 和 F'_{Cy}。E 端为可动铰支座，约束反力 F_E 的作用线垂直于支承面。

图 1-29（b）为梁整体的受力图。

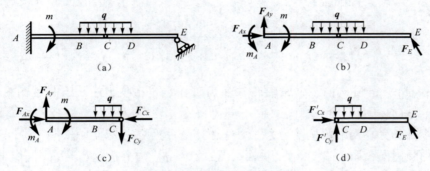

图 1-29 作物系的受力图

（a）组合梁受力；（b）梁整体受力图；（c）梁 AC 受力图；（d）梁 CE 受力图

例 1-9 某结构如图 1-30（a）所示，试作出各构件的受力图及该结构整体的受力图。

解 节点 C 上无主动力，不作为研究对象。因此该物系由 AC 和 BC 两构件组成，各处均为铰接，AC 和 BC 都不是二力杆。

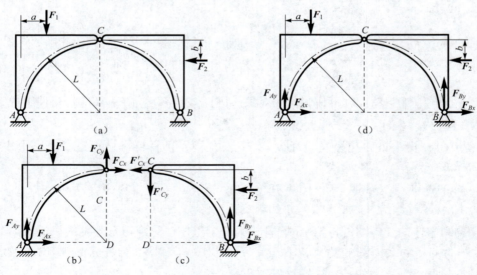

图 1-30 作物系的受力图

（a）某结构受力；（b）AC 段受力图；（c）BC 杆受力图；（d）整体受力图

（1）AC 杆：由于 AC 不是二力杆，A、C 两铰链约束作两正交的反力，参见图 1-30（b），力的箭头指向为假设。

（2）BC 杆：根据公理四，杆 BC 在 C 的受力与 AC 杆在 C 点的受力互为反作用力，其受力见图 1-30（c）。BC 杆不是二力杆，A 点作两正交的约束反力，其箭头为假设。

（3）物系整体的受力图：将整个 AB 杆视为一个整体，只画物系外部约束的反力。此时 C 处的铰链约束是物系内部的约束，不作其反力。AB 杆不是二力杆，A、B 均为固定铰支座，它们各有两个约束反力，参见图 1-30（d）。

综上所述，可将正确画出受力图的一般步骤归纳为：

（1）选取研究对象：所选取的研究对象可以是单个物体，也可以是物系整体。解除周围物体对研究对象的约束，将研究对象分离出来，画出其轮廓图形。

（2）画主动力：抄下研究对象所受到的全部主动力（包括力偶）。

（3）作约束反力：逐一考察将研究对象从物体系统中分离出来所必须解除的约束处的约束反力，约束反力应按前述的约束性质、类型的分析来表示，或依据约束所能限制的运动分析确定，切忌想当然。包含在研究对象内不必解除的约束，不画约束反力。

（4）在研究物系时要特别注意有无二力杆。

（5）作物系的受力图时要特别注意作用力与反作用力的关系。若约束反力指向待定，则先设定其中一个力的指向，另一个反作用力必须按照公理四画出。

（6）注意各构件受力图与整体受力图中同一约束处约束反力的一致性，不可有相互矛盾的指向假设。

本章要求深入理解力矩、力偶和约束三个最基本的概念，具备计算力对点之矩和画受力图两种基本能力。主要内容小结如下：

（1）静力学研究作用在刚体上的力系的简化和平衡规律。

（2）静力学四公理是静力学的基础。二力平衡公理定义了最简单的平衡力系；加减平衡力系公理是力系等效代换与简化的理论基础；力的平行四边形公理说明了力的矢量运算法则；作用与反作用公理揭示了力的存在形式与力在物系内部的传递方式。

（3）不计自重、只在两端点受力而处于平衡状态的构件称为二力杆。

（4）力矩是力对物体转动效应的物理量。力矩的值为力 F 的大小与力臂 d 的乘积，力臂 d 是点 O（矩心）到力 F 作用线的垂直距离，即

$$m_O(F) = \pm F \cdot d$$

（5）力偶是另一个基本力学量，其作用效应是使刚体在其作用平面内的转动状态发生改变。其三要素为力偶矩的大小、转向和力偶作用面。力偶矩 M 的值为力偶中任一力 F 的大小与力偶臂 d 之积，力偶臂 d 为两力作用线间的垂直距离，即

$$M(F, F') = \pm F \cdot d$$

（6）平面力偶系的合力偶矩等于各力偶之矩的代数和，即

$$M = m_1 + m_2 + m_3 + \cdots + m_n = \sum m$$

（7）限制物体运动的周围物体称为约束。约束反力的作用方向与其所能限制的运动方向相反。工程中常见约束的类型有柔体约束、光滑接触约束、光滑铰链约束、轴承约束和固定端约束等。

（8）光滑铰链约束有中间铰链、固定铰支座和可动铰支座三种类型。其约束反力的实质是一个支持力，可动铰支座的反力垂直于支持面，铰链约束对二力杆的反力沿杆两端点的连线。其他情况的反力一般不确定，可表示为两个正交分力。

（9）向心轴承的约束反力一般也包括两个正交分力，向心推力轴承一般包括三个正交分力。

（10）固定端约束的反力一般包括两个正交分力和一个约束反力偶。

（11）作受力图的一般步骤是：明确研究对象、取分离体、画主动力和画约束反力。画物系的受力图时要注意识别二力杆和互为反作用力时的画法。

思考题和习题

1-1　指出题 1-1 图中哪些杆是二力杆（设所有接触处光滑，未标出的不计自重）。

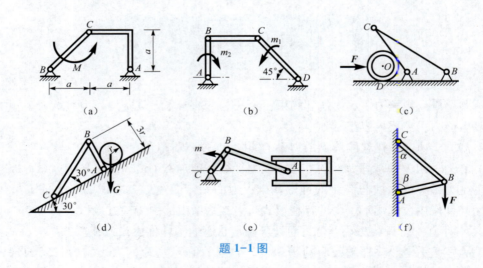

题 1-1 图

1-2　题 1-2 图（a）所示为某支架的力学模型，各构件的受力图如题 1-2 图（b）所示，问

（1）题 1-2 图（b）中有几个力系？

（2）有几个二力平衡力系？

（3）有几对力互为反作用力？

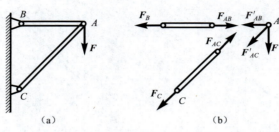

（a）　　　　　　　　　（b）

题 1-2 图

1-3　题 1-3 图所示各力系中，有哪几个平衡力系？哪个力系有合力？哪个力是合力？

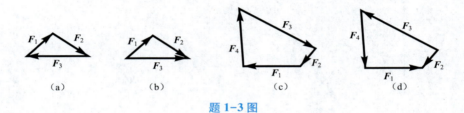

（a）　　　　　　（b）　　　　　　（c）　　　　　　（d）

题 1-3 图

1-4　试计算题 1-4 图中各种情况下的力 **F** 对 O 点之矩。

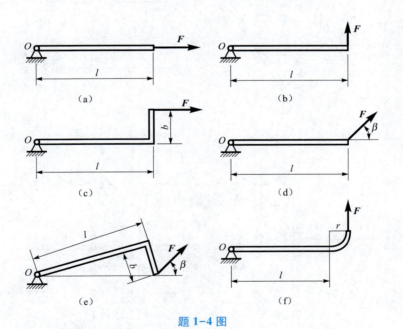

（a）　　　　　　　　　　　　　（b）

（c）　　　　　　　　　　　　　（d）

（e）　　　　　　　　　　　　　（f）

题 1-4 图

1-5　题 1-5 图中的轮子在力 **F** 及力偶 M 作用下处于平衡状态，是否说明一个力可以与一个力偶平衡？为什么？

1-6　题 1-6 图中，力偶 M 对 A、B、C 点的力矩分别是多少？

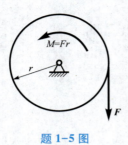

题 1-5 图

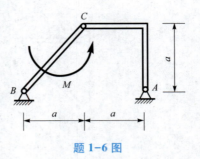

题 1-6 图

1-7 作题 1-7 图中各构件的受力图有无错误？如有，请改正。

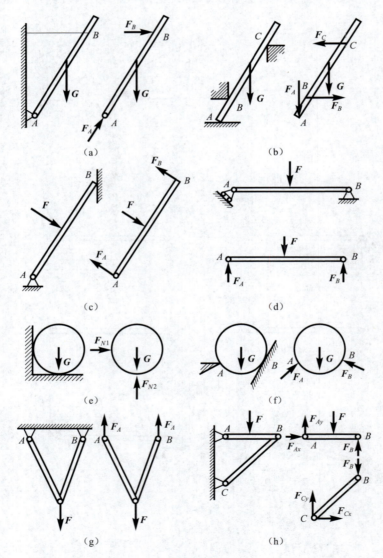

题 1-7 图

1-8 画出题 1-8 图中各球及物块的受力图。

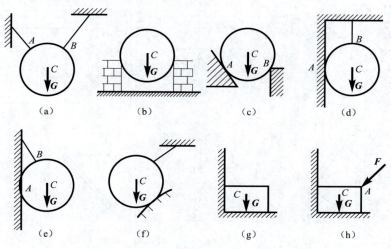

题 1-8 图

1-9 画出题 1-9 图中杆件 *AB* 的受力图。

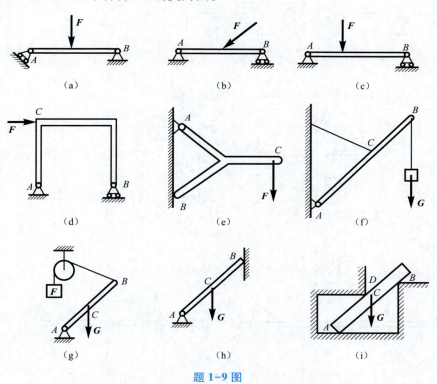

题 1-9 图

1-10　画出题 1-10 图中各构件的受力图。

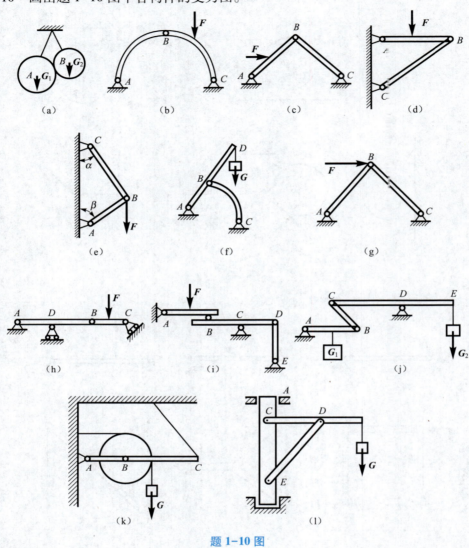

题 1-10 图

1-11　画出题 1-11 图所示物系中各构件及整体的受力图。

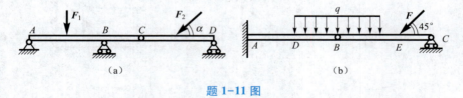

题 1-11 图

1-12　画出题 1-12 图所示物系中各构件及整体的受力图。

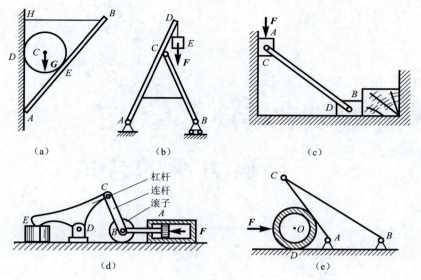

题 1-12 图

1-13　请填写下表以比较力矩和力偶矩。

比较项目			力矩	力偶矩
不同点	1	转动效应		
	2	与矩心的选择		
	3	对力和力偶的效应能否完全描述		
相同点	1	单位		
	2	正负号的规定		

第 2 章
平面力系的合成

刚体同时受到若干力的作用时，这些力构成了一个力系。如果作用于某刚体的所有力的作用线都在一个平面上，如图2-1，称该力系为平面力系。

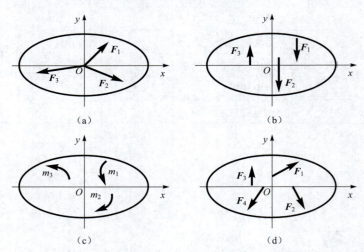

图2-1 平面力系
（a）平面汇交力系；（b）平面平行力系；（c）平面力偶系；（d）平面一般力系

如果构成一个平面力系的所有力的作用线交于一点，该力系称为平面汇交力系，参见图2-1（a）。

如果构成一个平面力系的所有力的作用线都平行，该力系称为平面平行力系，参见图2-1（b）。

一个刚体上同时有两个以上的力偶作用，就构成一个力偶系。作用于刚体上的若干个力偶的作用面如果共面，我们称这个力偶系为平面力偶系，参见图2-1（c）。

如果一个刚体上作用有一个平面力系，而组成该力系的所有力的作用线并不都交于一点，也不平行，这样的力系称为平面任意力系或平面一般力系，如图 2-1（d）所示。

静力学的主要任务是研究刚体在力系作用下的平衡规律。本章先研究平面力系的合成，第 3 章将在此基础上研究平面力系的平衡条件及应用。

2.1　力的投影及平面汇交力系的合成

2.1.1　力在平面直角坐标轴上的投影

若平面直角坐标系 Oxy 内有一个力 $\boldsymbol{F}$，其与 x 轴所夹的锐角为 α（图 2-2），从力的两端点 A、B 分别向 x 轴作垂线，得垂足 a 和 b，则有向线段 ab 称作力 $\boldsymbol{F}$ 在 x 轴上的投影，用 F_x 表示；同理，有向线段 $a'b'$ 称作力 $\boldsymbol{F}$ 在 y 轴上的投影，用 F_y 表示。其大小分别为

$$F_x = \pm F \cos \alpha$$
$$F_y = \pm F \sin \alpha \qquad (2-1)$$

图 2-2　平面力及其投影

其中，当线段 ab（或 $a'b'$）与 x（或 y）轴正向一致时，即力 $\boldsymbol{F}$ 在 x（或 y）轴上的分力与 x（或 y）轴正向一致时，力 $\boldsymbol{F}$ 在 x（或 y）轴上的投影 F_x（或 F_y）取 "+"，反之取 "-"。

如果已知力 $\boldsymbol{F}$ 在两个直角坐标轴上的投影 F_x 和 F_y，则其大小 F 及其与 x 轴所夹的锐角 α 分别为

$$F = \sqrt{F_x^2 + F_y^2} \qquad (2-2)$$

$$\alpha = \tan^{-1} \left| \frac{F_y}{F_x} \right|$$

2.1.2　合力投影定理

合力 $\boldsymbol{F}_R$ 在某坐标轴上的投影，等于各分力在同一轴上投影的代数和，这就是合力投影定理（证明略）。其数学表达式为

$$F_{Rx} = \sum F_x \qquad (2-3)$$
$$F_{Ry} = \sum F_y$$

2.1.3　平面汇交力系的合成

平面汇交力系求合力的步骤为：

（1）利用式（2-1）和式（2-3）分别算出合力在两坐标轴上的投影。

（2）由式（2-2）求出合力的大小及合力与 x 轴所夹的锐角 α。

（3）由两投影的正负号判断合力的方向。

例 2-1 已知物体的 O 点作用着平面汇交力系（F_1，F_2，F_3，F_4），其中 $F_1 = F_2 = 100$ N，$F_3 = 150$ N，$F_4 = 200$ N，各力的方向如图 2-3（a）所示，求此力系合力的大小和方向。

解（1）建立平面直角坐标系 Oxy，分别确定各力与 x 轴所夹的锐角。

（2）由合力投影定理分别求两合力的投影：

$$F_{Rx} = \sum F_x = F_{1x} + F_{2x} + F_{3x} + F_{4x}$$
$$= 100 + 100\cos 50° - 150\cos 60° - 200\cos 20°$$
$$= -98.7 \text{ N}$$

$$F_{Ry} = \sum F_y = F_{1y} + F_{2y} + F_{3y} + F_{4y}$$
$$= 0 + 100\sin 50° + 150\sin 60° - 200\sin 20°$$
$$= 138.1 \text{ N}$$

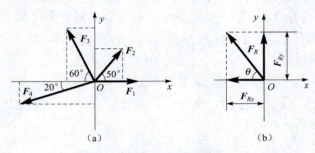

图 2-3 平面汇交力系的合成
（a）各力的方向；（b）合力指向左上方

（3）求合力的大小和夹角：

$$F_R = \sqrt{F_{Rx}^2 + F_{Ry}^2} = \sqrt{\left(\sum F_x\right)^2 + \left(\sum F_y\right)^2}$$
$$= \sqrt{(-98.7)^2 + 138.1^2} = 168.7 \text{ N}$$

$$\alpha = \tan^{-1}\left|\frac{F_{Ry}}{F_{Rx}}\right| = \tan^{-1}\left|\frac{138.1}{-98.7}\right| = 54.5°$$

（4）求合力的方向：

由 F_{Rx} 为"$-$"和 F_{Ry} 为"$+$"，可确定该合力指向左上方，如图 2-3（b）所示。

2.2 力的平移定理

将作用于刚体上的已知力 F 平移到同刚体上任一点 O 时，必须附加一个力偶，才能与原来力的作用等效。附加力偶的力偶矩等于原力 F 对平移点 O 的力矩。这就是力的平移定理。

如图 2-4（b），将力 $\boldsymbol{F}$ 平移到同刚体上任一点 O 时，需附加的力偶矩 M 为

$$M = M_O(\boldsymbol{F}) = +F \cdot L$$

平移后的力系见图 2-4（c）。

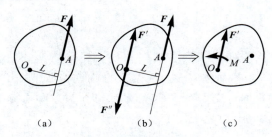

图 2-4　力的平移定理

（a）某物体受力；（b）平移力 F 附加的力偶；（c）平移后的力系

这样，由力的平移定理可以将一个力分解成为一个力和一个力偶。如图 2-5（a），500 N 的力 $\boldsymbol{F}$ 由边长为 100 mm 的正方形的顶点 A 平移到顶点 B，需附加力偶的力偶矩为

$$m = m_B(\boldsymbol{F}) = -500 \times 0.1 = -50 \text{ N} \cdot \text{m}$$

反之，同一力系中的一个力和一个力偶也可以合成为一个力。如图 2-5（b），设力 $\boldsymbol{F}$ 沿边长为 100 mm 的正方形对角线方向，若 $F = 100$ N，$m = 5\sqrt{2}$ N·m，则力 $\boldsymbol{F}$ 与力偶 m 的合力 $\boldsymbol{F}'$ 应在力 $\boldsymbol{F}$ 的上方。其与力 $\boldsymbol{F}$ 的距离为

$$d = \frac{m}{F} = \frac{5\sqrt{2} \times 1\,000}{100} = 50\sqrt{2} \text{ mm}$$

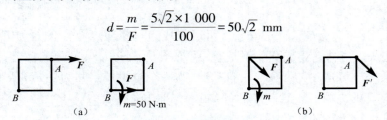

图 2-5　力的平移定理的应用

（a）力分解为力和力偶；（b）力和力偶合成力

可知合力 $\boldsymbol{F}'$ 通过 A 点，大小为 100 N。

在求解轮轴类问题时常利用力的平移定理将轮周上的力平移至轴心，如图 2-6，将作用于圆周的力 $\boldsymbol{F}$ 平移到轴心时，必须附加一个力偶 M_O。在材料力学里将知道，力 $\boldsymbol{F}'$ 引起轴的弯曲，力偶 M_O 引起轴的扭转。

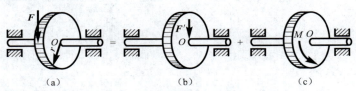

图 2-6　利用力的平移定理分析轴的变形

（a）某轮轴受力；（b）平移力 $\boldsymbol{F}$；（c）附加力偶 M_O

2.3 平面一般力系向一点简化

设有作用于某刚体上的平面一般力系（F_1，F_2，…，F_n），如图 2-7 所示。在力系所在平面内任取一点 O，称该点为简化中心。根据力的平移定理，将力系中的各力都平移到 O 点于是得到汇交于 O 点的平面汇交力系（F'_1，F'_2，…，F'_n）和与各力相对应的附加力偶所组成的平面力偶系（m_1，m_2，…，m_n）。

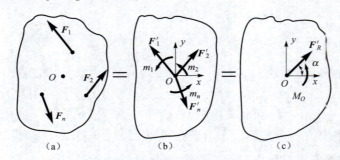

图 2-7　平面一般力系向一点简化

（a）某刚体的平面受力图；（b）平移力到 O 点；（c）简化结果

平面汇交力系（F'_1，F'_2，…，F'_h）可以合成为一个通过 O 点的合力 F'_R，称之为平面一般力系的主矢。显然，主矢 F'_R 不是原力系的合力。

附加力偶系（m_1，m_2，…，m_n）可以合成为一个合力偶。其力偶矩 M_O 称为平面一般力系对简化中心 O 的主矩。显然，主矩 M_O 也不是原力系的合力。

主矢 F'_R 和主矩 M_O 的大小分别为

$$F'_R = \sqrt{\left(\sum F'_x\right)^2 + \left(\sum F'_y\right)^2} = \sqrt{\left(\sum F_x\right)^2 + \left(\sum F_y\right)^2} \tag{2-4}$$

$$M_O = m_1 + m_2 + \cdots + m_n$$

$$= m_O(F_1) + m_O(F_2) + \cdots + m_O(F_n) = \sum X m_O(F) \tag{2-5}$$

主矢与 x 轴所夹的锐角 α 为

$$\alpha = \tan^{-1}\left|\frac{\sum F'_y}{\sum F'_x}\right| = \tan^{-1}\left|\frac{\sum F_y}{\sum F_x}\right| \tag{2-6}$$

综上所述，可得如下结论：平面一般力系向作用面内任一点 O 简化后，可得一个力和一个力偶，该力称之为平面一般力系的主矢，该力偶称之为平面一般力系对简化中心 O 的主矩。

主矢在两坐标轴上的投影，分别等于各力在同一坐标轴上投影的代数和。主矩等于力系中各力对简化中心 O 的力矩的代数和。简化中心 O 也叫矩心。主矢与简化中心的位置无关，而主矩随简化中心位置的改变而改变。

2.4　平面一般力系的合成

平面一般力系向平面内一点简化，可得到一个主矢 F'_R 和主矩 M_O，F'_R 和 M_O 的合力即为原平面一般力系的合力 F_R，以下讨论其最后合成情况：

1. $F'_R \neq 0$，$M_O \neq 0$

由 2.2 节知，F'_R 和 M_O 可以进一步合成为一个合力 F_R。由力的平移定理和式（2-5）可以得到

$$M_O = m_O(F_R) = \sum m_O(F) \tag{2-7}$$

即合力对某点的力矩等于各分力对该点力矩的代数和，这就是 1.2.2 中提到的合力矩定理。

2. $F'_R \neq 0$，$M_O = 0$

此时 F'_R 即为原平面一般力系的合力 F_R。

3. $F'_R = 0$，$M_O \neq 0$

此时，原平面一般力系的合成结果为一力偶，力偶矩为 M_O。

4. $F'_R = 0$，$M_O = 0$

此种情况下，合力为零，原平面一般力系为平衡力系。

综上所述，平面一般力系的最后合成结果有三种情况：一个力、一个力偶或合力为零，而只有主矢和主矩同时为零时，合力才为零。

由此可得平面一般力系求合力的步骤：

（1）由式（2-4）计算主矢的大小和方向。

（2）选取一简化中心 O，由式（2-5）计算主矩。

（3）求出平面一般力系的合力。

例 2-2　如图 2-8（a）所示的平面一般力系，每方格边长为 100 mm，$F_1 = F_2 = 100$ N，$F_3 = F_4 = 100\sqrt{2}$ N，试分别以 A 和 O 点为简化中心，求该力系的合力。

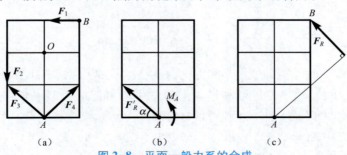

图 2-8　平面一般力系的合成

（a）平面一般力系；（b）以 A 点为简化中心；（c）合力 F_R

解 （1）以 A 为简化中心。

① 计算主矢：

$$\sum F_x = -F_1 - F_3\cos 45° + F_4\cos 45° = -100 \text{ N}$$

$$\sum F_y = -F_2 + F_3\sin 45° + F_4\sin 45° = 100 \text{ N}$$

主矢的大小 $\quad F'_R = \sqrt{(\sum F_x)^2 + (\sum F_y)^2} = 100\sqrt{2} \text{ N}$

主矢与 x 轴的夹角 $\quad \alpha = \tan^{-1}\left|\dfrac{\sum F_y}{\sum F_x}\right| = 45°$

易知主矢 F'_R 作用线通过 A 点，与 x 轴成 45°角，指向左上方，如图 2-8（b）所示。

② 计算主矩。

$$M_A = \sum m_A(F) = F_1 \times 0.3 + F_2 \times 0.1 = 40 \text{ N} \cdot \text{m}$$

③ 将主矢和主矩进一步合成。易知合力 F_R 在主矢 F'_R 的上方，其与主矢的距离 d 为

$$d = \frac{M_A}{F'_R} = \frac{40\ 000}{10\sqrt{2}} = 200\sqrt{2} \text{ mm}$$

由几何关系知合力 F_R 通过 B 点，见图 2-8（c），F_R 为原平面一般力系的最后简化结果，大小为 $100\sqrt{2}$ N，与 x 轴成 45°角，指向左上方。

（2）以 O 点为简化中心，则有

$$\sum F_x = -F_1 - F_3\cos 45° + F_4\cos 45° = -100 \text{ N}$$

$$\sum F_y = -F_2 + F_3\sin 45° + F_4\sin 45° = -100 \text{ N}$$

主矢的大小 $\quad F'_R = \sqrt{(\sum F_x)^2 + (\sum F_y)^2} = 100\sqrt{2} \text{ N}$

主矢与 x 轴的夹角 $\quad \alpha = \tan^{-1}\left|\dfrac{\sum F_y}{\sum F_x}\right| = 45°$

主矩 $\quad M_O = \sum m_O(F) = F_1 \times 0.1 + F_2 \times 0.1 - F_3\cos 45° \times 0.1 +$
$\qquad F_4\cos 45° \times 0.1$
$\qquad = 20 \text{ N} \cdot \text{m}$

合力 F_R 与主矢的距离 d 为

$$d = \frac{M_O}{F'_R} = \frac{20\ 000}{100\sqrt{2}} = 100\sqrt{2} \text{ mm}$$

易知简化中心改变时，主矢的大小和方向都不变（只是作用点不同），而主矩的大小改变了，但求得的合力 F_R 也不变。可知理论上简化中心可任取，但本题中 A 点为两力的交点，选 A 为简化中心可以减少计算主矩时的计算量。

例 2-3 如图 2-9 所示结构，已知 $F_{Ax} = 3$ kN，$F_{Ay} = 5$ kN，$F_B = 1$ kN，$m = 2.5$ kN·m，$F = 5$ kN，图中尺寸单位为 m，求该力系的合力。

解 $\quad \sum F_x = F_{Ax} - F \times 0.6 = 3 - 5 \times 0.6 = 0$

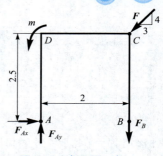

$$\sum F_y = F_{Ay} - F_B - F \times 0.8$$
$$= 5 - 1 - 5 \times 0.8 = 0$$

主矢的大小为

$$F'_R = \sqrt{(\sum F_x)^2 + (\sum F_y)^2} = 0$$

以 C 为简化中心，主矩为

$$M_C = \sum m_C(F) = m + F_{Ax} \times 2.5 - F_{Ay} \times 2$$
$$= 2.5 + 3 \times 2.5 - 5 \times 2 = 0$$

图 2-9　求平面一般力系的合力

该力系的合力为零，为平衡力系。

由本题可见，力偶对主矢的大小没有影响，这是因为力偶中的两个力等值、反向，对任何坐标轴投影的代数和都等于零。但力偶对主矩有影响，根据力偶的性质二，不管以何点为简化中心，在计算主矩时都以力偶矩代入，不得再乘以力臂。

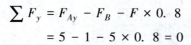

本章要求理解力的投影、主矢和主矩三个概念，掌握并熟练应用合力投影定理、合力矩定理及力的平移定理三个基本定理。主要内容小结如下：

（1）若已知力 F 的大小及其与 x 轴所夹的锐角为 α，则该力在坐标轴上的投影为

$$F_x = \pm F\cos\alpha$$
$$F_y = \pm F\sin\alpha$$

（2）合力在某个坐标轴上的投影等于各分力在同一坐标轴上投影的代数和，此为合力投影定理。其数学表达式为

$$F_{Rx} = \sum F_x$$
$$F_{Ry} = \sum F_x$$

（3）平面汇交力系求合力的步骤为：利用合力投影定理分别算出合力在两坐标轴上的投影；由式（2-2）求出合力的大小及其与 x 轴所夹的锐角 α，再由两投影的正负号判断其方向。

（4）作用在刚体上的力 F，可以平移到其上任一点 O，但必须同时附加一力偶，所附加力偶的力偶矩等于力 F 对平移点 O 之矩，此为力的平移定理。

（5）平面一般力系向作用面内任一点 O 简化后，可得一个力和一个力偶。该力称之为平面一般力系的主矢；该力偶称之为平面一般力系对简化中心 O 的主矩。主矢在两坐标轴上的投影，分别等于各力在同一坐标轴上投影的代数和。主矩等于力系中各力对简化中心 O 的力矩的代数和。

（6）平面一般力系简化的最终结果有三种可能：合成为一力、合成为一个力偶或合力为零即平衡力系。

思考题和习题

2-1 题 2-1 图所示平面一般力系中，$F_1 = 200$ N，$F_2 = 150$ N，$F_3 = 200$ N，$F_4 = 100$ N，分别求各力在 x、y 上的投影。

2-2 求题 2-2 图示平面汇交力系的合力。

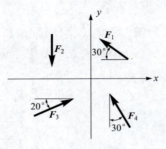

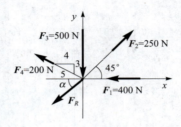

题 2-1 图   题 2-2 图

2-3 求题 2-3 图所示平面汇交力系的合力。

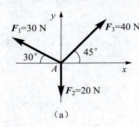

（a）

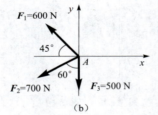

（b）

题 2-3 图

2-4 如题 2-4 图所示平面力系中，$F_1 = 1$ kN，$F_2 = F_3 = F_4 = 5$ kN，$M = 3$ kN·m，试求力系的合力。

2-5 计算题 2-5 图所示平面一般力系的合力。

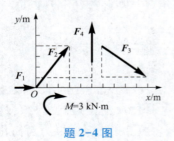

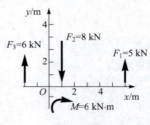

题 2-4 图   题 2-5 图

2-6 设某平面一般力系向一点简化得到一个合力，如果适当地选取另一点为简化中心，问力系能否简化为一个力偶？

第 3 章

平面力系的平衡条件及其应用

3.1 平面力系的平衡条件

3.1.1 平面力系的平衡条件

平面一般力系平衡的充要条件是：其合力为零。由 2.4 节知，平面一般力系的合成结果有三种情况：一个力、一个力偶或合力为零，而欲使其合力为零，力系向任意一点简化所得的主矢 F'_R 和主矩 M_O 必须同时为零，由式（2-4）和（2-5）得

$$F'_R = \sqrt{(\sum F_x)^2 + (\sum F_y)^2} = 0$$

$$M_O = \sum m_O(\boldsymbol{F}) = 0$$

继而得到平面一般力系的平衡条件（也叫平衡方程）：

$$\left.\begin{array}{l} \sum F_x = 0 \\ \sum F_y = 0 \\ \sum m_O(\boldsymbol{F}) = 0 \end{array}\right\} \tag{3-1}$$

即平面一般力系平衡时，各力在两个任选的直角坐标轴上投影的代数和分别等于零，以及各力对任一点之矩的代数和也为零。

用这三个平衡方程可以求解出力系中的未知力。由于平面一般力系只有三个独立的平衡方程，所以在求解平面一般力系的平衡问题时，能且最多只能求出三个未知力。

式（3-1）为平面一般力系平衡方程的基本式，也称为两投影力矩式。除此之外还有以下两种形式：

（1）一投影两力矩式平衡方程：

$$\left.\begin{array}{c} \sum F_x = 0 \left(\sum F_y = 0\right) \\ \sum M_A(\boldsymbol{F}) = 0 \\ \sum M_B(\boldsymbol{F}) = 0 \end{array}\right\} \tag{3-2}$$

其中 A、B 两点连线不能与投影轴 x（或 y）垂直。

（2）三力矩式平衡方程：

$$\left.\begin{array}{c} \sum M_A(\boldsymbol{F}) = 0 \\ \sum M_B(\boldsymbol{F}) = 0 \\ \sum M_C(\boldsymbol{F}) = 0 \end{array}\right\} \tag{3-3}$$

其中 A、B、C 三点不能共线。

而平面汇交力系、平面平行力系和平面力偶系可看成是平面一般力系的特殊情况，由此可得各力系的平衡方程：

（1）平面汇交力系的平衡方程：

$$\left.\begin{array}{c} \sum F_x = 0 \\ \sum F_y = 0 \end{array}\right\} \tag{3-4}$$

（2）平面平行力系的平衡方程：

$$\left.\begin{array}{c} \sum \boldsymbol{F}_x = 0 \left(\sum \boldsymbol{F}_y = 0\right) \\ \sum M_0(\boldsymbol{F}) = 0 \end{array}\right\} \tag{3-5}$$

（3）二力矩式平衡方程：

$$\left.\begin{array}{c} \sum M_A(\boldsymbol{F}) = 0 \\ \sum M_B(\boldsymbol{F}) = 0 \end{array}\right\} \tag{3-6}$$

其中 A、B 连线不与各力 $\boldsymbol{F}$ 平行。

（4）平面力偶系的平衡方程：

$$\sum m = 0 \tag{3-7}$$

3.1.2 平面力系平衡方程的应用

用平面力系平衡方程求解未知力的基本步骤为：

（1）取研究对象，并作出其受力图。

（2）建立直角坐标系，并确定各力与 x 轴的夹角。

（3）列方程并求解未知力。

下面举例说明平面一般力系平衡方程的具体应用。

例3-1 如图3-1（a），杆 AB 的中点上作用着载荷 $\boldsymbol{F}$，已知 $F = 20\ \text{kN}$，杆与斜面成45°

角，求支座 A、B 的反力。

解　（1）取 AB 杆为研究对象，作其受力图见图 3-1（b）。A 处为可动铰链，约束反力 F_A 垂直于斜面；B 处有两个正交分力 F_{Bx}、F_{By}。

（2）建立直角坐标系。上一步 F_{Bx}、F_{By} 已说明了坐标轴，该步骤可省略。

（3）列方程并求解未知力：

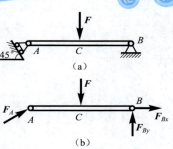

$$\sum m_A(\boldsymbol{F}) = 0$$
$$F_{By} \cdot AB - F \times 0.5AB = 0$$
$$F_{By} \cdot AB - 20 \times 0.5AB = 0$$

得
$$F_{By} = 10 \text{ kN}$$

$$\sum F_y = 0 \quad F_A \cdot \sin 45° - F + F_{By} = 0$$
$$F_A \cdot \sin 45° - 20 + 10 = 0$$

得
$$F_A = 10\sqrt{2} = 14.1 \text{ kN}$$

$$\sum F_x = 0 \quad F_A \cdot \cos 45° + F_{Bx} = 0$$
$$10\sqrt{2} \cos 45° + F_{Bx} = 0$$

得
$$F_{Bx} = -10 \text{ kN}$$

图 3-1　求解平面一般力系的平衡问题

（a）杆 AB 受力；（b）受力图

几点要说明的问题：

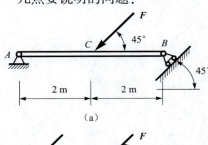

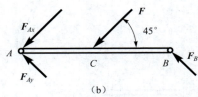

图 3-2　求解平面一般力系的平衡问题

（a）AB 杆；（b）AB 杆受力图

（1）本题中 F_{Bx} 为负值说明它的实际指向与原假设指向相反，不必更改受力图。

（2）由本例可以看出，三个方程的顺序可以改变，一般先列出能够直接求出未知量的方程。

（3）列力矩方程时最好将矩心选在两未知力的交点，则力矩方程中的未知量数目将减少，使计算简化。

（4）一般情况下，A 处的两个分力 F_{Ax}、F_{Ay} 不必合成。

例 3-2　如图 3-2（a），杆 AB 上作用着载荷 $\boldsymbol{F}$，已知 $F = 20$ kN，求支座 A、B 的反力。

解　（1）取 AB 杆为研究对象，作其受力图见图 3-2（b）。B 处为可动铰链，约束反力 F_B 垂直于斜面。因为 $\boldsymbol{F}$ 与 F_B 恰好垂直，A 处两个正交分力 F_{Ax}、F_{Ay} 可作成分别与两力方向一致以方便列方程。

（2）列方程并求解未知力：

$$\sum F_x = 0 \quad F_{Ax} - F = 0$$
$$F_{Ax} - 20 = 0$$
$$F_{Ax} = 20 \text{ kN}$$

得

$$\sum m_A(\boldsymbol{F}) = 0$$

$$F_B \cdot 4\sin 45° - F \cdot 2\sin 45° = 0$$

$$F_B \cdot 4\sin 45° - 20 \times 2\sin 45° = 0$$

$$F_B = 10 \text{ kN}$$

$$\sum F_y = 0 \qquad F_{Ay} + F_B = 0$$

$$F_{Ay} + 10 = 0$$

$$F_{Ay} = -10 \text{ kN}$$

由本题知，坐标轴与力系中的大多数力平行或垂直时，列方程比较简便。

例 3-3 如图 3-3（a）所示，一端固定的悬臂梁 AB 上作用着集中力 F、力偶 M 和载荷集度为 q 的均布载荷。已知 $l = 1$ m，$F = 20$ kN，$M = 10$ kN·m，$q = 10$ kN/m，试求固定端 A 处的约束反力。

解 q 为载荷集度，不是力，其合力 $Q = ql$，视为作用于均布载荷的中点。

（1）取梁 AB 为研究对象，并作出其受力图，见图 3-3（b）。

得

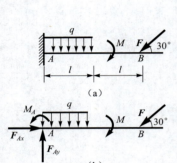

图 3-3 求固定端的约束反力
（a）AB 杆；（b）AB 杆受力图

得

（2）列方程并求解未知力：

$$\sum F_x = 0 \qquad F_{Ax} - F\cos 30° = 0$$

$$F_{Ax} - 20\cos 30° = 0$$

$$F_{Ax} = 17.3 \text{ kN}$$

$$\sum F_y = 0 \qquad F_{Ay} - F\sin 30° - ql = 0$$

$$F_{Ay} - 20\sin 30° - 10 \times 1 = 0$$

$$F_{Ay} = 20 \text{ kN}$$

$$\sum m_B(\boldsymbol{F}) = 0 \qquad M_A - F_{Ay} \cdot 2l + q \cdot l \cdot 1.5l - M = 0$$

$$M_A - 20 \times 2 \times 1 + 10 \times 1 \times 1.5 \times 1 - 10 = 0$$

$$M_A = 35 \text{ kN} \cdot \text{m}$$

本题中要说明的问题：

（1）注意不能漏画固定端的约束反力偶 M_A。

（2）力偶只参与力矩方程，不参与投影方程；另外，将力偶矩直接代入方程即可，不得再乘以力臂。

例 3-4 如图 3-4（a），AB 杆与 BC 杆两端均为铰接，B 点悬挂着重物 F，已知力 F = 10 kN，分别计算两杆所受的力。

解 （1）取 B 点为研究对象，作其受力图，见图 3-4（b）。

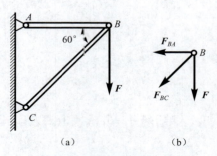

（a）   （b）

图 3-4 求解平面汇交
力系的平衡问题
（a）AB 与 BC 杆；（b）B 点的受力图

（2）建立直角坐标系。本题所建的 x 轴为水平方向，可以不画出。

（3）列方程并求解未知力：

$$\sum F_y = 0 \quad -F_{BC} \cdot \sin 60° - F = 0$$

$$-F_{BC} \cdot \sin 60° - 10 = 0$$

$$F_{BC} = -11.56 \text{ kN}$$

$$\sum F_x = 0 \quad -F_{BC} \cdot \cos 60° - F_{AB} = 0$$

$$-(-11.56) \cdot \cos 60° - F_{AB} = 0$$

$$F_{AB} = 5.78 \text{ kN}$$

本题中如果选取 B 为矩心，则列不出力矩方程，所以平面汇交力系有两个独立的平衡方程。如果取其他点为矩心，则列出的并不是独立的方程，所能求的未知力依然只能是两个。

例 3-5 图 3-5（a）所示为某轴的力学模型。已知 $F_r = 1$ kN，$F_Q = 2$ kN，求轴承 A 和 B 的力。

解 （1）作 AB 轴的受力图。B 处为可动铰链，约束反力 F_B 垂直于支持面，见图 3-5（b），因为物体上的其他力都沿竖直方向，因此 A 处的反力也沿竖直方向。该力系为平面平行力系。

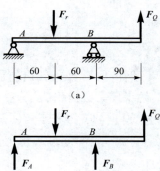

（2）列方程并求解未知力：

$$\sum m_B(\boldsymbol{F}) = 0 \quad -F_A \times 120 + F_r \times 60 + F_Q \times 90 = 0$$

$$-F_A \times 120 + 1 \times 60 + 2 \times 90 = 0$$

$$F_A = 2 \text{ kN}$$

$$\sum F_y = 0 \quad F_A - F_r + F_B + F_Q = 0$$

$$2 - 1 + F_B + 2 = 0$$

$$F_B = -3 \text{ kN}$$

图 3-5　平面平行力系
的平衡问题

（a）AB 轴；（b）AB 轴受力图

本题为平面平行力系，沿 x 轴的投影方程无法列出，可见平面平行力系的独立方程只有两个，最多只能求两个未知力。

例 3-6 图 3-6（a）所示为某梁的力学模型。已知 $F = 2$ kN，$M = 2.5$ kN·m，$q = 1$ kN/m，求支座 A、B 的约束反力。

解 （1）作梁 AB 的受力图，如图 3-6（b）所示，此力系也是平面平行力系。

（2）列方程并求解未知力：

$$\sum m_A(\boldsymbol{F}) = 0$$

$$q \times 1 \times 0.5 - M + F_B \times 2 - F \times 3 = 0$$

$$1 \times 1 \times 0.5 - 2.5 + F_B \times 2 - 3 \times 2 = 0$$

$$F_B = 4 \text{ kN·m}$$

$$\sum F_y = 0 \quad F_A + F_B - 1 \times 1 - F = 0$$

$$F_A + 4 - 1 \times 1 - 2 = 0$$

$$F_A = -1 \text{ kN}$$

可见，平面平行力系一般先列力矩方程求出一未知力，再列投影方程求另一个力。

例 3-7 图 3-7（a）所示为某梁的力学模型。已知 $M = 10 \text{ kN} \cdot \text{m}$，$l = 4 \text{ m}$，求支座 A、B 的约束反力。

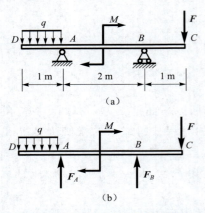

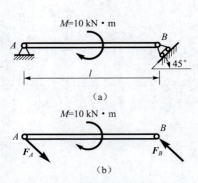

图 3-6 平面平行力系的平衡问题

（a）AB 梁的力学模型；（b）AB 梁的受力图

图 3-7 平面力偶系的平衡问题

（a）AB 梁的力学模型；（b）支座 A、B 的约束反力

解（1）作梁 AB 的受力图。因为已知力只有一个力偶，根据力偶的性质，A、B 支座的约束反力必然组成了另一个力偶，才能与已知力偶平衡，见图 3-7（b）。

（2）列方程并求解未知力：

$$\sum m = 0 \quad -M + F_A \cdot l \cdot \sin 45° = 0$$

$$-10 + F_A \times 4\sin 45° = 0$$

$$F_A = F_B = 2.5\sqrt{2} = 3.53 \text{ kN}$$

本题为一平面力偶系，只有 1 个独立的平衡方程，只能求出一个未知力。

3.2　物体系统的平衡问题

之前讨论的都是单个物体，本节研究物系的平衡，先介绍静定与静不定问题的概念。

3.2.1　静定问题与静不定问题的概念

假设某物系处于平衡状态，则组成该物系的每一个物体也必定处于平衡状态。由于每个平衡力系最多有 3 个独立的平衡方程，若物系中有 n 个物体，则物系最多能列 $3n$ 个独立的平衡方程，即最多能解 $3n$ 个未知量。如果一个物系所有未知量的数目等于 $3n$ 个，则所有未知量都可解出，这类问题称为静定问题。当物系中未知量的数目多于 $3n$ 个时，仅用静力学的平衡方程不能求出所有未知量，这类问题称为静不定问题（或超静定问题），如图 3-8。

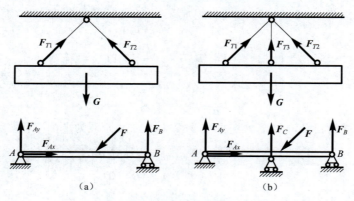

图 3-8　静定与静不定问题

（a）静定问题；（b）静不定问题

静不定问题并非不能求解，而只是不能仅用静力学的平衡方程来求解。因为静力学把物体视为刚体，忽略了物体的变形。如果考虑到物体的变形，并找出变形与力之间的关系，则可列出补充方程，于是可解决静不定问题。但变形体是材料力学所研究的问题。

3.2.2　物体系统的平衡问题

求解物系的平衡问题，一般用两种方法：

（1）逐个拆开：先选取已知力所在的物体或未知力较少的物体为研究对象求解出部分未知量，再选其他物体为对象，直到求出所有未知量。

（2）先整体后拆开：先取整个物系为研究对象，解出部分未知量；再将物系拆开，选取合适的对象，求出所有未知量。这种方法较简便，但有些物系以整体为对象根本求不出任何未知力，必须采用第一种方法逐个拆开来研究。

下面举例说明物系平衡问题的解法。

例 3-8　图 3-9（a）所示为一四杆机构 $ABCD$，在图示位置处于平衡状态。已知 $m = 4$ N·m，$CD = 0.4\sqrt{2}$ m，求平衡时作用在 AB 中点的 F 力的大小及 A、D 处的约束反力。

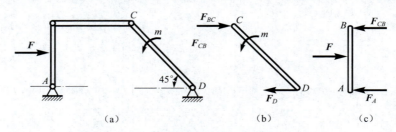

图 3-9　求解物系的平衡问题

（a）$ABCD$ 四连杆机构；（b）CD 杆受力图；（c）AB 杆受力图

解　在物系问题中，须选取研究对象。本题的已知力偶作用在 CD 杆上，故先以 CD 杆为研究对象求出连杆 BC 及支座 D 的力，然后再以 AB 杆为对象求出 F 及支座 A 的力。

（1）作 CD 杆的受力图。因为 BC 杆为链杆，故 C 点受力沿杆 BC 方向；又因为力偶必

须由力偶来平衡，故 D 与 C 处的约束反力组成了一力偶，该力系为平面力偶系，见图 3-9（b），故有

$$\sum m = 0 \quad m - F_D \cdot CD \cdot \sin 45° = 0$$

$$4 - F_D \times 0.4\sqrt{2} \sin 45° = 0$$

$$F_D = F_{BC} = 10 \text{ N}$$

（2）再以 AB 杆为对象，其受力图见图 3-9（c），该力系为平面平行力系，故有

$$\sum m_A(F) = 0 \quad AB \cdot F_{CB} - F \cdot 0.5AB = 0$$

$$AB \times 10 - F \cdot 0.5AB = 0$$

$$F = 20 \text{ N}$$

$$\sum F_x = 0 \quad -F_A - F_{BC} + F = 0$$

$$-F_A - 10 + 20 = 0$$

$$F_A = 10 \text{ N}$$

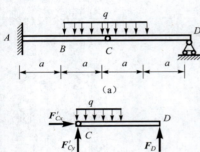

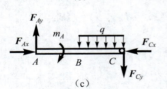

图 3-10 求解物系的平衡问题
（a）组合梁受力；（b）CD 梁受力图；
（c）AC 杆受力图

例 3-9 图 3-10（a）所示为一组合梁。已知均布载荷 $q = 10$ kN/m，$a = 2$ m，求固定端 A、铰支座 D 及中间铰链 C 的约束反力。

解 静定多跨梁由若干组成，本身能承受载荷并保持平衡的梁称为基本部分，本身不能保持平衡的梁称为附属部分。本题中 AC 梁是基本部分，而 CD 是附属部分。解这类问题通常是先分析未知力较少的附属部分，然后再分析基本部分或整个系统。

（1）以 CD 梁为研究对象，其受力图如图 3-10（b），则有

$$\sum m_C(F) = 0 \quad F_D \cdot 2a - q \cdot a \cdot 0.5a = 0$$

$$F_D \times 2 \times 2 - 10 \times 2 \times 0.5 \times 2 = 0$$

$$F_D = 5 \text{ kN}$$

$$\sum F_y = 0 \quad F_C - qa + F_D = 0$$

$$F_C - 10 \times 2 + 5 = 0$$

$$F_C = 15 \text{ kN}$$

（2）再以 AC 杆为对象，其受力图见图 3-10（c），则有

$$\sum F_y = 0 \quad F_A - qa - F_C = 0$$

$$F_A - 10 \times 2 - 15 = 0$$

$$F_A = 35 \text{ kN}$$

$$\sum m_A(F) = 0 \quad M_A - F_C \cdot 2a - q \cdot a \cdot 1.5a = 0$$

$$M_A - 15 \times 2 \times 2 - 10 \times 2 \times 1.5 \times 2 = 0$$

$$M_A = 120 \text{ kN} \cdot \text{m}$$

例 3-10 图 3-11（a）所示为三铰拱，由 AC 和 BC 铰接而成。已知 $F_1 = 150$ kN，

$F_2 = 250$ kN，$a = 1.5$ m，$b = 2.5$ m，$L = 5$ m，求支座 A、B 及中间铰链 C 的约束反力。

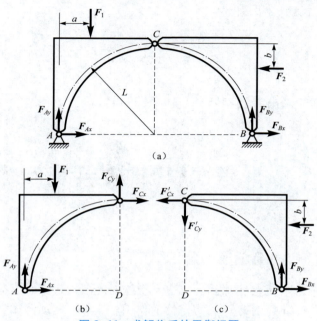

图 3-11　求解物系的平衡问题

（a）三铰拱受力；（b）AC 段受力图；（c）BC 段受力图

解　本题如果拆开来研究，则 AC 和 BC 都是静不定问题，须解联立方程组，计算量过大。发现以整体为对象能解出部分未知力，故先以整体为对象。

（1）以整体为研究对象，其受力图见图 3-11（a），并列方程求解：

$$\sum m_A(\boldsymbol{F}) = 0 \quad -F_1 \cdot a + F_2 \cdot (L - b) + F_{By} \cdot 2L = 0$$

$$-150 \times 1.5 + 250 \times (5 - 2.5) + F_{By} \times 2 \times 5 = 0$$

$$F_{By} = -40 \text{ kN}$$

$$\sum F_y = 0 \quad F_{Ay} + F_{By} - F_1 = 0$$

$$F_{Ay} - 40 - 150 = 0$$

$$F_{Ay} = 190 \text{ kN}$$

（2）再以 AC 杆为对象，其受力图见图 3-11（b），则有

$$\sum m_C(\boldsymbol{F}) = 0 \quad F_{Ax} \cdot L - F_{Ay} \cdot L + F_1 \cdot (L - a) = 0$$

$$F_{Ax} \times 5 - 190 \times 5 + 150 \times (5 - 1.5) = 0$$

$$F_{Ax} = 85 \text{ kN}$$

$$\sum F_x = 0 \quad F_{Ax} + F_{Cx} = 0$$

$$85 + F_{Cx} = 0$$

$$F_{Cx} = -85 \text{ kN}$$

$$\sum F_y = 0 \quad F_{Ay} + F_{Cy} - F_1 = 0$$

$$190 + F_{Cy} - 150 = 0$$

$$F_{Cy} = -40 \text{ kN}$$

（3）再以整体为研究对象，则有

$$\sum F_x = 0 \quad F_{Ax} + F_{Bx} - F_2 = 0$$
$$85 + F_{Bx} - 250 = 0$$
$$F_{Bx} = 165 \text{ kN}$$

或者以 BC 杆为对象求出 F_{Bx}，其受力图见图 3-11（c）。

3.3　考虑摩擦时的平衡问题

3.3.1　考虑摩擦的平衡问题

在之前的研究中，都没有考虑摩擦力，事实上绝对光滑的表面并不存在，两物体的接触面之间一般都有摩擦，有时摩擦还起着决定性的作用。例如，制动器靠摩擦力来刹车，胶带靠摩擦力来传递运动和动力等。当摩擦力较大或者起主导作用时，显然就不能忽略摩擦力了。而在那些摩擦力不是主要作用且影响较小的情况下，常忽略摩擦力以简化研究。

先简单复习一下有关摩擦的基本知识。互相接触且有正压力的两个物体，当它们发生相对滑动或有滑动趋势时，在两物体的接触面就会出现阻碍彼此滑动的力，称为滑动摩擦力。滑动摩擦力的方向与物体相对运动（或运动趋势）方向相反，如图 3-12 中的 F_f。它产生的主要原因是物体接触表面的凹凸不平和表面间分子的相互吸引。物体运动时的摩擦力称为动滑动摩擦力（简称动摩擦力）；物体尚未运动（即静止）时的摩擦力称为静滑动摩擦力（简称静摩擦力）。

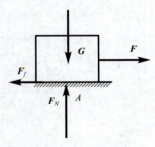

图 3-12　滑动摩擦力

静摩擦力 F_f 的大小介于零与最大静摩擦力 $F_{f\max}$ 之间，即

$$0 \leqslant F_f \leqslant F_{f\max}$$

物体静止时，静摩擦力 F_f 的大小可由平衡方程求出。

当物体处于临界静止状态时，静摩擦力达到最大值 $F_{f\max}$。如果两物体间的法向正压力（即法向压力）为 F_N，两物体接触面间的静滑动摩擦因数为 f，则最大静摩擦力 $F_{f\max}$ 的大小可由静滑动摩擦力定律算出：

$$F_{f\max} = f \cdot F_N \tag{3-8}$$

大量实验表明，动滑动摩擦力 F' 略小于最大静摩擦力 $F_{f\max}$，其大小也与两物体接触面间的法向正压力 F_N 成正比。如果动滑动摩擦因数为 f'，则有

$$F' = f' \cdot F_N \tag{3-9}$$

动滑动摩擦因数 f' 不仅与两个相互接触的物体的材料以及接触面的状

摩擦力的性质

况有关，还随两物体间的相对滑动速度而改变。在一般工程计算中常认为 $f'=f$，即认为 $F'=F_{f\max}$。

表 3-1 列出了常用材料的摩擦因数。

有摩擦的平衡问题仍可用平衡方程求解，不过在画受力图和列平衡方程时，都必须考虑摩擦力，现举例说明。

表 3-1　常用材料的滑动摩擦因数

材料	静滑动摩擦因数 f		动滑动摩擦因数 f'	
	无润滑	有润滑	无润滑	有润滑
钢-钢	0.15	0.10～0.12	0.10	0.05～0.10
钢-铸铁	0.20～0.30	—	0.16～0.18	0.05～0.15
软钢-铸铁	0.20	—	0.18	0.05～0.15
软钢-青铜	0.20	—	0.18	0.07～0.15
铸铁-青铜	0.28	0.16	0.15～0.21	0.07～0.15
铸铁-皮革	0.55	0.15	0.28	0.12
木材-木材	0.40～0.60	0.10	0.20～0.50	0.07～0.10

例 3-11　长 4 m 重 200 N 的梯子，斜靠在光滑的墙上（图 3-13（a）），梯子与地面成 $\alpha=60°$ 角，梯子与地面的静滑动摩擦因数 $f=0.4$，有一重 600 N 的人登梯而上，问他上到何处时梯子就要开始滑倒？

解　作梯子的受力图，见图 3-13（b），因梯子与墙光滑接触，故 A 点无摩擦力，B 点有摩擦力 $\boldsymbol{F}_f$。设梯子将要滑动时，人站在 C 点，此时梯子处于临界状态，摩擦力为最大静摩擦力，令 $BC=x$，列方程并求解：

$$\sum F_y = 0 \quad F_B - 600 - 200 = 0$$

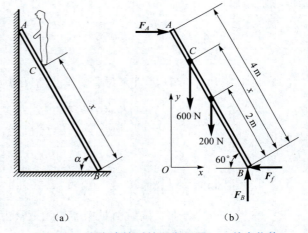

图 3-13　考虑摩擦时的平衡问题——单个物体

（a）斜靠在光滑墙上的梯子；（b）梯子的受力图

$$F_B = 800 \text{ N}$$

$$F_f = F_{f\max} = f \cdot F_B = 0.4 \times 800 = 320 \text{ N}$$

$$\sum F_x = 0 \quad F_A - F_f = 0$$

$$F_A = F_f = 320 \text{ N}$$

$$\sum m_B(\boldsymbol{F}) = 0 \quad -4F_A \sin 60° + 600 \cdot x \cdot \cos 60° + 2 \times 200\cos 60° = 0$$

解得

$$x = 3.03 \text{ m}$$

例 3-12　一制动器的结构和尺寸如图 3-14（a）所示。已知圆轮上作用一力偶 M，制动块和圆轮表面之间的静摩擦因数为 f，忽略制动块的厚度，求制动圆轮所需要的力 $\boldsymbol{F}$ 的最小值。

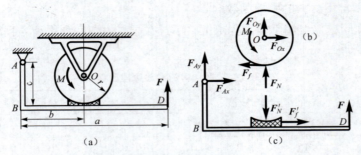

图 3-14　考虑摩擦时的平衡问题——物系

（a）制动器结构和尺寸；（b）制动轮受力图；（c）制动杆受力图

解　这是一个物系的平衡问题。当圆轮恰好能被制动时，物系处于临界平衡状态，此时，摩擦力为最大静摩擦力，力 $\boldsymbol{F}$ 有最小值。

（1）先取已知力偶 M 所在圆轮作为研究对象，其受力图见图 3-14（b），列方程求解：

$$\sum m_O(\boldsymbol{F}) = 0 \quad M - F_f r = 0$$

$$F_f = M/r$$

$$F_f = F_{f\max} = f \cdot F_N$$

$$F_N = \frac{F_f}{f} = \frac{M}{fr}$$

（2）再取制动杆 ABD 为研究对象，其受力图见图 3-14（c），列方程求解：

$$\sum m_A(\boldsymbol{F}) = 0 \quad F \cdot a + F_f' \cdot c - F_N \cdot b = 0$$

解得

$$F = \frac{M}{ra}\left(\frac{b}{f} - c\right)$$

3.3.2　摩擦角与自锁

在考虑摩擦的情况下，接触面对物体的约束反力由两部分组成，即法向反力 $\boldsymbol{F}_N$ 与沿接触面的摩擦力 $\boldsymbol{F}_f$，它们的合力称为接触面的全约束反力，简称全反力，以 $\boldsymbol{F}_R$ 表示，见图 3-15（a）。

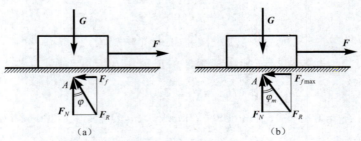

图 3-15　全反力与摩擦角

（a）全反力；（b）摩擦角

全反力 F_R 与法向力 F_N 之间的夹角 φ 将随着摩擦力 F_f 的增大而增大，当摩擦力 F_f 达到 $F_{f\max}$ 时，夹角 φ 也达到最大值 φ_m，见图 3-15 （b），φ_m 称为摩擦角。

由图 3-15 （b） 可知，

$$\tan \varphi_m = \frac{F_{f\max}}{F_N} = \frac{f \cdot F_N}{F_N} = f \tag{3-10}$$

即摩擦角的正切等于静摩擦因数，摩擦角为全反力与接触面法线间的最大夹角。可见，f 与 φ_m 都是表征材料摩擦性质的物理量。

对于考虑摩擦的物体，其受力可以合成为全主力 Q （全部主动力的合力） 和全反力 F_R 两个力。当物体平衡时，全主力的合力 Q 与全反力 F_R 必然等值、反向、共线，因此，在静止状态下，全反力 F_R 与接触面法线间的夹角 φ 必在零与摩擦角 φ_m 之间，即

$$0 \leqslant \varphi \leqslant \varphi_m$$

图 3-16　自锁条件

（a） 自锁状态；（b） 临界平衡；

（c） 运动状态

如果全主力 Q 与接触面法线间的夹角为 α，见图3-16，则：

（1） $\alpha < \varphi_m$ 时，即全主力 Q 的作用线在摩擦角之内时，无论 Q 有多大，物体都处于静止状态。这种现象叫做摩擦自锁，见图 3-16 （a）。

（2） $\alpha = \varphi_m$ 时，物体处于临界平衡状态，见图 3-16 （b）。

（3） $\alpha > \varphi_m$ 时，无论 Q 值多小，物体都不能静止，见图 3-16 （c）。

摩擦锥

自锁应用千斤顶

测定摩擦系数

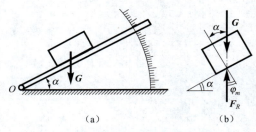

（a）

（b）

图 3-17　静摩擦系数的测定

（a） 测定装置；（b） 测定原理

利用自锁原理可以测定两种材料间的静摩擦因数。将被测的两种材料分别做成物块与可动斜面，如图 3-17 所示。由此可知，可动斜面的倾角 α 等于全主力 G 与接触面法线的夹角。使 α 由零逐渐增大，直至斜面上的物块刚刚开始下滑，测量出斜面此时的倾角 α_m，即可计算出两种材料间的静摩擦因数 f，即

$$f = \tan \varphi_m = \tan \alpha_m$$

自锁原理在工程实际中也有广泛的应用。如螺旋机构、物料传送带、卸货车、电工用的脚套钩等，都是利用摩擦自锁原理使物体保持静止平衡，而升降机、变速机构中的滑移齿轮等传动机械则要避免自锁（卡住）现象的发生。

本章要求熟练掌握平面力系平衡问题的求解。主要内容有：

（1）求解平面力系平衡问题的一般方法和步骤为：选取适当研究对象、画受力图、建立坐标系和列平衡方程求解。

（2）平面一般力系有三个独立的平衡方程，只能求解三个未知量：

$$\left.\begin{array}{l} \sum F_x = 0 \\ \sum F_y = 0 \\ \sum m_O(F) = 0 \end{array}\right\}$$

（3）平面汇交力系和平面平行力系各有两个独立的平衡方程，平面力偶系只有一个独立的平衡方程。一般先列能直接解出未知量的方程，而且最好将矩心选在两未知力的交点以减少方程中未知量的数目。

（4）仅由平衡方程即可解决的平衡问题，称为静定问题。对于由 n 个物体组成的系统，如果约束反力的未知量为 $m = 3n$ 个，则问题是静定的；若 $m > 3n$，则为静不定问题或超静定问题。

（5）物系的平衡问题一般有两种求解方法：逐步拆开；先整体再拆开。

（6）静滑动摩擦是两物体接触表面间有相对运动趋势时的阻碍作用。临界状态下的最大静滑动摩擦力为 $F_{f\max} = f \cdot F_N$，f 是静滑动摩擦因数，F_N 是接触面上的法向压力。摩擦力 F_f 沿接触面切向且指向与运动趋势相反的方向。

（7）考虑摩擦时平衡问题的受力图中包括摩擦力，列平衡方程求解时，有摩擦补充方程。

（8）临界状态时，全反力 F_R 与接触面法向间的夹角 φ_m 称为摩擦角，且 $\tan \varphi_m = f$。若作用于物体的外力的合力全主力 Q 的作用线在摩擦角之内，则无论 Q 多大，物体都将保持静止，这种现象称为自锁。

思考题和习题

3-1 平面一般力系、平面汇交力系、平面平行力系和平面力偶系各有几个独立的平衡方程？

3-2 题 3-2 图中，AB 杆的 A 端为固定铰支座约束，B 端为活动铰支座约束，今在杆的 C 处作用一集中力 $F = 20$ kN，$\alpha = 30°$，杆的尺寸如图所示，假设杆的自重忽略不计，试求各支座的约束反力。

3-3　题 3-3 图中，若 $F_2 = 20$ kN，$F_1 = 10$ kN，求图示梁 A、B 处的约束反力。

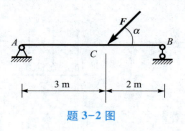

题 3-2 图

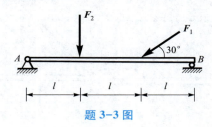

题 3-3 图

3-4　题 3-4 图中，已知 $q = 4$ kN/m，$a = 1$ m，$F = 8$ kN，计算梁各处支座的约束反力。

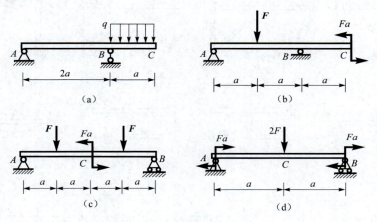

题 3-4 图

3-5　题 3-5 图中，已知 $q = 2$ kN/m，$a = 1$ m，$l = 2$ m，$F = 4$ kN，$M_0 = 6$ kN·m，计算梁各处支座的约束反力。

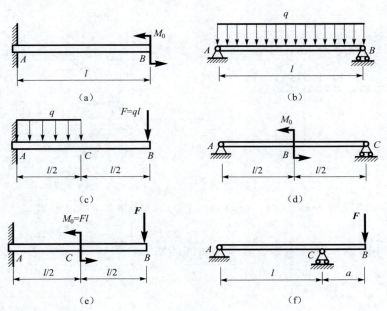

题 3-5 图

51

工程力学（第3版）

3-6　判别题 3-6 图中各构件是静定还是静不定问题。

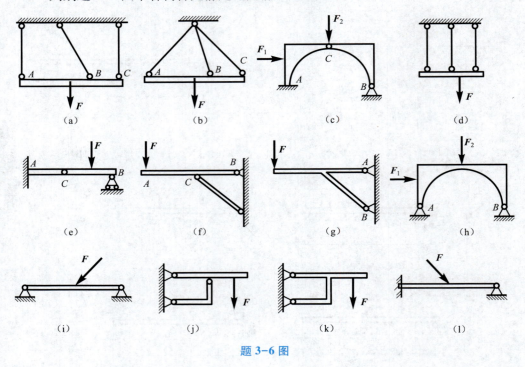

题 3-6 图

3-7　一悬臂吊车如题 3-7 图，横梁 AB 长 $l=2$ m，假设其重力 $G=1$ kN 集中于重心 C，吊重 $P=6$ kN 作用于 D 点，已知 $\alpha=30°$，$a=1.6$ m，求铰支座 A 的约束反力与拉杆 BE 的拉力。

3-8　刚架如题 3-8 图所示，受到力偶矩为 M 的力偶作用，求支座 A 和 B 的约束反力。

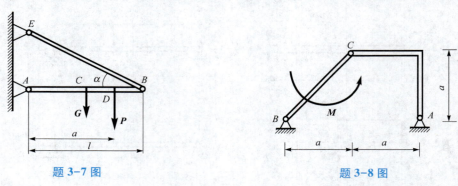

题 3-7 图　　　　　　　　　　　题 3-8 图

3-9　题 3-9 图所示的夹紧装置，设备处均为光滑接触，求 F 力作用下工件 C 所受到的夹紧力。

3-10　题 3-10 图示液压夹紧装置中，油缸活塞直径 $D=120$ mm，压力 $p=6$ MPa，若 $\alpha=30°$，求工件 D 所受到的夹紧力 F_D。

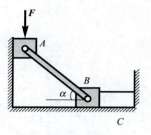

题 3-9 图

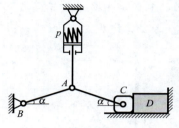

题 3-10 图

3-11　如题 3-11 图所示，梁 AB 和 BC 在 B 点铰接，C 为固定端，已知 $m = 20$ kN·m，$q = 15$ kN/m，试求 A、C 的约束反力和 B 铰的受力。

3-12　题 3-12 图所示为一四杆机构 ABCD，在图示位置处于平衡状态。已知 $m_1 = 10$ N·m，$CD = \sqrt{2}$ m。求平衡时作用在 AB 上的力偶 m_2 及 A、D 处的约束反力。

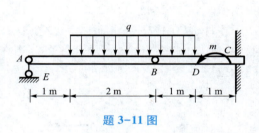

题 3-11 图

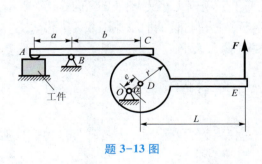

题 3-12 图

3-13　偏心夹紧装置如题 3-13 图，利用手柄绕 O 点转动夹紧工件。手柄 DE 和压杆 AC 处于水平位置时，$\alpha = 30°$，偏心距 $e = 15$ mm，$r = 40$ mm，$a = 120$ mm，$b = 60$ mm，$L = 100$ mm，求在力 F 作用下，工件受到的夹紧力。

3-14　题 3-14 图所示的支架由 AB、AC 杆构成，A、B、C 三处都是铰接，A 点作用有铅垂力 G，不计杆的自重，求 AB、AC 杆所受的力。

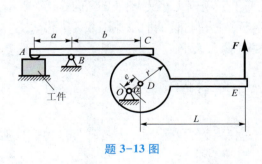

题 3-13 图

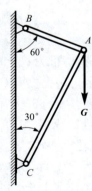

题 3-14 图

3-15　均质圆球重 $G = 2$ kN，圆球与光滑的墙面和平板相接触于两点，如题 3-15 图所示，求支座 A 的反力和绳 BC 的拉力。

3-16　用支架 ABC 承托斜面上的圆球，球重 G=1 kN，如题 3-16 图所示。若各种摩擦忽略不计，求 BC 杆所受的压力。

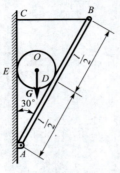

题 3-15 图

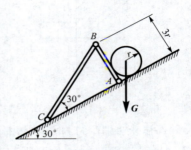

题 3-16 图

3-17　题 3-17 图所示三铰拱，由 AC 和 BC 铰接而成。已知均布载荷 q=20 kN/m，h=4 m，l=8 m，求支座 A、B 及中间铰链 C 的约束反力。

3-18　手动钢筋剪切机由手柄 AB、杠杆 CHD 和连杆 DE 用铰链连接而成，如题 3-18 图所示，图中长度以 cm 计。AB 及 DH 沿铅垂方向，铰链 C、E 中心的连线是水平的。当在 A 处用水平力 F=100 N 作用在手柄上，且机构在图示位置平衡时，求杠杆的水平刀口 H 作用于钢筋上的剪切力。

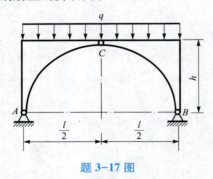

题 3-17 图

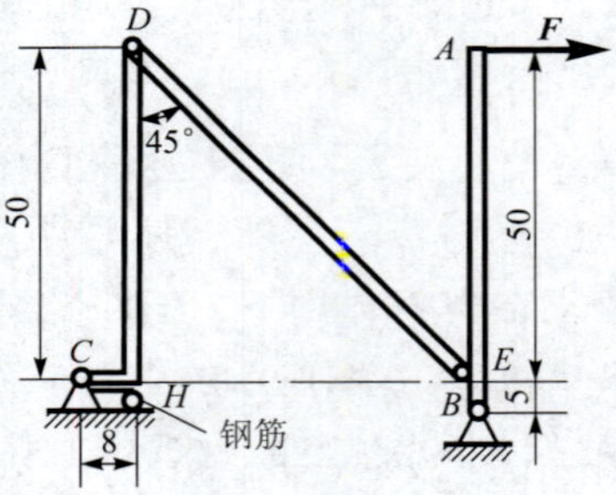

题 3-18 图

3-19　一物块重为 G=400 N，置于水平地面上，受到大小为 F=80 N 的拉力作用，如题 3-19 图所示。假设拉力 F 与水平夹角为 α=45°，物块与地面的摩擦因数为 f=0.2，求：

（1）判断物块是否发生移动，并确定此时的摩擦力大小。

（2）要使物块发生移动，拉力至少要多大？

3-20　如题 3-20 图，一重力为 G 的物块置于一倾角为 α 的斜面上，静摩擦系数为 f，求能使物块静止于斜面上的水平推力 F 值的范围。

3-21　如题 3-21 图所示重物置于斜面上，摩擦因数为 f=0.2，求其满足自锁条件的临界倾角 α。

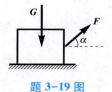

题 3-19 图

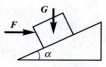

题 3-20 图

题 3-21 图

3-22 题 3-22 图中，梯子 AB 长 L，重 $G = 200$ N，靠在光滑墙上，与地面间的摩擦因数为 $f = 0.25$。要保证重 $P = 650$ N 的人爬至顶端 A 处不至滑倒，求最小角度 α。

3-23 题 3-23 图所示为某刹车装置。作用在半径为 r 的制动轮 O 上的力偶矩为 M，摩擦面到刹车手柄中心线间的距离为 e，摩擦块 C 与轮子接触表面间的摩擦因数为 f，求制动所必需的最小作用力 F_{1min}。

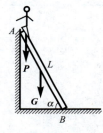

题 3-22 图

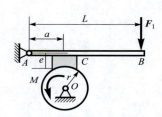

题 3-23 图

3-24 题 3-24 图表示升降机安全装置，该装置的原理是，加载后，滑块与两壁不应发生滑动。已知两壁与滑块间的摩擦因数为 $f = 0.5$，试确定结构尺寸 l 与 L 的关系，以保证该安全装置的可靠性。

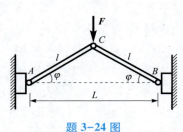

题 3-24 图

第4章

轮轴类构件的平衡问题及重心

4.1 轮轴类构件的平衡问题

轮轴是工程机械中重要的构件，其力系往往是空间力系，如图 4-1（a）所示。为了便于后续计算，常常把这类问题转化为平面力系求解。其方法是：利用制图中的三视图原理，将一个空间力系分别投影到侧面（侧视图）、铅垂面（主视图）和水平面（俯视图），即得到三个平面力系。如果原空间力系是平衡的，则其各视图的平面力系也是平衡的。分别求解各平面平衡力系，即可求解原空间力系。其求解步骤大致为：

（1）建空间坐标系，作出各轴承的约束反力（轴承的反力视主动力的类型而定，沿坐标轴方向）。

（2）作侧视图，求未知的主动力（或力偶）。若主动力全部已知，则无需作此视图。

（3）作主视图，求轴承铅垂方向的反力。

（4）作俯视图，求轴承水平方向的反力。

下面举例说明。

例 4-1 图 4-1（a）所示的转轴 AB 处于平衡状态，其上两齿轮 C、D 的分度圆半径分别为 $R_C = 0.1$ m，$R_D = 0.05$ m。圆周力 $F_{t1} = 3.58$ kN，径向力 $F_{r1} = 1.3$ kN，$F_{r2} = 2.6$ kN，$AC = CD = DB = 0.1$ m，求 D 轮的圆周力及两轴承的反力。

解 （1）以 A 为原点建空间坐标系。本题中的主动力分别沿 x、z 轴方向，轴承的反力也沿 x、z 轴方向，受力图见图 4-1（b）。

（2）因为有主动力 F_{t2} 未知，故需作侧视图，见图 4–1（c），得到平面一般力系。由于未知量较多，只能对轴心 A 点列力矩方程并求解出部分未知力：

$$\sum m_A(\boldsymbol{F}) = 0, \; -F_{t1} \cdot R_C + F_{t2} \cdot R_D = 0$$

$$-3.58 \times 0.1 + F_{t2} \times 0.05 = 0$$

$$F_{t2} = 7.16 \text{ kN}$$

可见，只有圆周力（和力偶）参与了计算，故侧视图也可简化为图 4–1（f）。

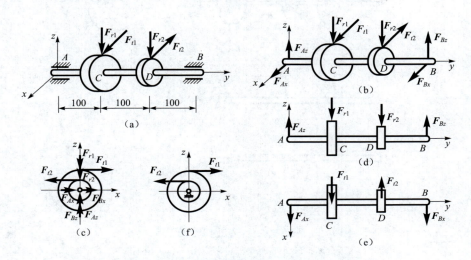

图 4–1 轮轴类构件平衡问题的平面解法

（a）轮轴；（b）受力图；（c）侧视图；（d）主视图；

（e）俯视图；（f）简化的侧视图

（3）作主视图，得到一平面平行力系，见图 4–1（d），列方程并求解：

$$\sum m_A(\boldsymbol{F}) = 0, \; -F_{r1} \times 0.1 - F_{r2} \times 0.2 + F_{Bz} \times 0.3 = 0$$

$$-1.3 \times 0.1 - 2.6 \times 0.2 + F_{Bz} \times 0.3 = 0$$

$$F_{Bz} = 2.17 \text{ kN}$$

$$\sum F_z = 0, F_{Az} - F_{r1} - F_{r2} + F_{Bz} = 0$$

$$F_{Az} - 1.3 - 2.6 + 2.17 = 0$$

$$F_{Az} = 1.73 \text{ kN}$$

（4）作俯视图，也得到一平面平行力系，见图 4–1（e），列方程并求解：

$$\sum m_A(\boldsymbol{F}) = 0, \; -F_{t1} \times 0.1 + F_{t2} \times 0.2 - F_{Bx} \times 0.3 = 0$$

$$-3.58 \times 0.1 + 7.16 \times 0.2 - F_{Bx} \times 0.3 = 0$$

$$F_{Bx} = 3.58 \text{ kN}$$

$$\sum F_x = 0, \; F_{Ax} + F_{t1} - F_{t2} + F_{Bx} = 0$$

$$F_{Ax} + 3.58 - 7.16 + 3.58 = 0$$

$$F_{Ax} = 0$$

例 4-2 图 4-2（a）所示的转轴处于平衡状态，齿轮 C 的分度圆半径 $R=40$ mm，其上的圆周力 $F_t=3$ kN，径向力 $F_r=1.1$ kN，轴向力 $F_a=0.5$ kN。D 点的力 $F_Q=1.8$ kN，$AC=CB=70$ mm，$BD=90$ mm，求轴上的转矩 T 及两轴承的反力。

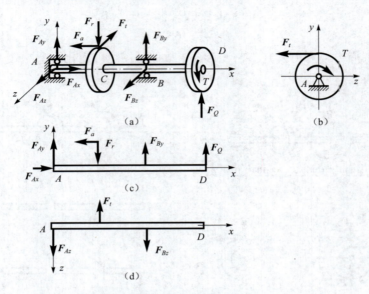

图 4-2 轮轴类构件平衡问题的平面解法

（a）受力图；（b）侧视图；（c）主视图；（d）俯视图

解 （1）以 A 为原点建空间坐标系，见图 4-2（a），作轴承的反力。

（2）作侧视图，见图 4-2（b），求 T：

$$\sum m_A(F)=0, F-F_t \cdot R=0$$

$$T-3\times40=0$$

$$T=120 \text{ N} \cdot \text{m}$$

（3）作主视图，见图 4-2（c），列方程并求解：

$$\sum m_A(\boldsymbol{F})=0, F_a \cdot R-F_r \cdot AC+F_{By} \cdot AB+F_Q \cdot AD=0$$

$$0.5\times40-1.1\times70+F_{By}\times140+1.8\times230=0$$

$$F_{By}=-2.55 \text{ kN}$$

$$\sum F_y=0, F_{Ay}-F_r-F_{By}+F_Q=0$$

$$F_{Ay}-1.1-2.55+1.8=0$$

$$F_{Ay}=1.85 \text{ kN}$$

$$\sum F_x=0, F_{Ax}-F_a=0$$

$$F_{Ax}-0.5=0$$

$$F_{Ax}=0.5 \text{ kN}$$

（4）作俯视图，见图 4-2（d），可忽略两轴向力，列方程并求解：

$$\sum m_A(\boldsymbol{F}) = 0, \; -F_{Bz} \times 140 + F_t \times 70 = 0$$

$$-F_{Bz} \times 140 + 3 \times 70 = 0$$

$$F_{Bz} = 1.5 \text{ kN}$$

$$\sum F_z = 0, F_{Az} - F_t + F_{Bz} = 0$$

$$F_{Az} - 3 + 1.5 = 0$$

$$F_{Az} = 1.5 \text{ kN}$$

4.2　重心和形心

4.2.1　平行力系的中心

平行力系合力的固定作用点称为平行力系的中心。用合力矩定理可以确定平行力系的中心位置。

如图 4-3（a）所示，刚体上有两平行力 $\boldsymbol{F}_1$、$\boldsymbol{F}_2$。易知该两力的合力 $\boldsymbol{F}_R$ 大小为 $F_R = F_1 + F_2$，作用线与 $\boldsymbol{F}_1$、$\boldsymbol{F}_2$ 平行。连接 AB，设合力 $\boldsymbol{F}_R$ 的作用线通过 AB 上的 C 点，以 A 为矩心，应用合力矩定理，有

$$\sum m_A(\boldsymbol{F}) = F_2 \cdot AB = F_2 \cdot (AC + CB)$$

$$m_A(\boldsymbol{F}_R) = F_R \cdot AC = (F_1 + F_2) \cdot AC$$

$$\sum m_A(\boldsymbol{F}) = m_A(\boldsymbol{F}_R) \qquad F_1 \cdot AC = F_2 \cdot CB$$

$$\frac{F_2}{F_1} = \frac{AC}{CB}$$

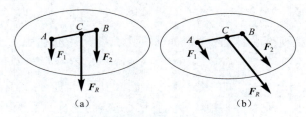

图 4-3　两平行力的中心

（a）刚体上有两平行力；（b）两平行力按同方向转过一定角度

说明合力作用线的位置是确定的。如果将 $\boldsymbol{F}_1$、$\boldsymbol{F}_2$ 绕其作用点 A 和 B 按同方向转过一定角度，见图 4-3（b），显然合力 $\boldsymbol{F}_R$ 的作用线也将转过同样角度，合力作用线仍通过 C 点。

这个固定的 C 点就是两平行力 $\boldsymbol{F}_1$、$\boldsymbol{F}_2$ 的中心。对于由任意一个平行力组成的力系，其合力同样有这样的固定作用点，即平行力系的中心。

应用合力矩定理可以求出平行力系的中心。如图 4-4，建一个空间坐标系 $Oxyz$，z 轴与各力平行。各力的作用点 A_1、A_2，…，A_n 的坐标分别为（x_1，y_1，z_1），（x_2，y_2，z_2），…，（x_n，y_n，z_n）。设平行力系的中心 C 的坐标为（x_C，y_C，z_C），由合力矩定理得

$$F_R x_C = F_1 x_1 + F_2 x_2 + \cdots + F_n x_n = \sum F_i x_i$$

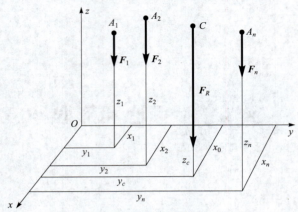

图 4-4　平行力系的中心

$$x_C = \frac{\sum F_i x_i}{F_R}$$

$$-F_R y_C = -F_1 y_1 - F_2 y_2 - \cdots - F_n y_n = \sum F_i y_i$$

$$y_C = \frac{\sum F_i y_i}{F_R}$$

同理可得

$$z_C = \frac{\sum F_i z_i}{F_R}$$

4.2.2　重心和形心

1. 重心

地球上任何有质量的物体都要受到地球的引力，若把物体假想地分割成无数个微体，则所有

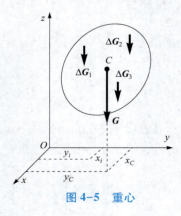

图 4-5　重心

这些微体受到的地球引力将组成一个空间汇交力系（汇交点在地球的中心）。由于物体的尺寸与地球的半径相比要小得多，因此可近似地认为这个力系是空间平行力系。此空间平行力系的合力 G 即物体的质量。这个合力 G 的作用点 C 称为物体的重心。通过实践知道，无论物体怎样放置，重心在物体内的相对位置总是不变的。

重心的位置在工程中有着重要的意义。例如，起重机要正常工作，重心位置应满足一定的条件，保证其不至翻倾；船舶重心位置将直接影响其稳定性；高速旋转机械中旋转件的重心若偏离了旋转轴线，将引起机械剧烈的振动等。

如图 4-5 中，若将物体分成若干微体，其质量分别为

$\Delta \boldsymbol{G}_1$，$\Delta \boldsymbol{G}_2$，$\cdots$，$\Delta \boldsymbol{G}_n$，各力作用点的坐标分别为（x_1，y_1，z_1），（x_2，y_2，z_2），$\cdots$，（x_n，y_n，z_n），则重心坐标的一般公式为

$$x_C = \frac{\sum \Delta G_i x_i}{G}$$

$$y_C = \frac{\sum \Delta G_i y_i}{G} \tag{4-1}$$

$$z_C = \frac{\sum \Delta G_i z_i}{G}$$

2. 均质物体的重心和形心

许多物体可以看做是均质的。对于均质物体，设其密度为 ρ，整个物体的体积为 V，每个微体的体积为 ΔV_i，则物体的质量 G 和各微体的质量 ΔG_i 分别为

$$G = \rho V \qquad \Delta G_i = \rho \Delta V_i$$

代入重心的坐标公式（4-1），并消去密度 ρ，可得均质物体的重心坐标公式：

$$x_C = \frac{\sum \Delta V_i x_i}{V}$$

$$y_C = \frac{\sum \Delta V_i y_i}{V} \tag{4-2}$$

$$z_C = \frac{\sum \Delta V_i z_i}{V}$$

可见，均质物体的重心位置与质量无关，它完全取决于物体的几何形状，因此均质物体的重心就是物体几何形状的中心，即形心。

若物体是等厚、均质的平薄板，设薄板的面积为 A，厚度为 h，每个微体的面积为 ΔA_i，则薄板的总体积 V 与各微体的体积 ΔV_i 分别为

$$V = Ah \qquad \Delta V_i = \Delta A_i \cdot h$$

代入公式（4-2），并消去厚度 h，即得到薄板或平面图形的形心坐标公式：

$$x_C = \frac{\sum \Delta A_i x_i}{A}$$

$$y_C = \frac{\sum \Delta A_i y_i}{A} \tag{4-3}$$

3. 组合法求重心或形心

对于具有对称面、对称轴或对称中心的均质物体，可以利用其对称性确定重心的位置。显然，这种物体的重心必在其对称面、对称轴或对称中心上。例如，均质圆球、圆环的重心（形心）就在其球心、圆心上；均质正方体的重心在其对称中心上。表 4-1 中给出了常见的几种简单几何图形的形心位置，以便在求组合图形的形心时应用。

表 4-1　简单形状均质物体重心表

图　　形	重心位置	图　　形	重心位置
三角形	在中线的交点 $y_C = \dfrac{1}{3}h$	梯形	$y_C = \dfrac{h\,(2a+b)}{3\,(a+b)}$
圆弧	$x_C = \dfrac{r\sin\alpha}{\alpha}$ 对于半圆弧 $\alpha = \dfrac{\pi}{2}$, 则 $x_C = \dfrac{2r}{\pi}$	弓形	$x_C = \dfrac{2}{3}\,\dfrac{r^3\sin^3\alpha}{A}$ 面积 A $= \dfrac{r^2\,(2\alpha-\sin 2\alpha)}{2}$
扇形	$x_C = \dfrac{2}{3}\,\dfrac{r\sin\alpha}{\alpha}$ 对于半圆 $\alpha = \dfrac{\pi}{2}$, 则 $x_C = \dfrac{4r}{3\pi}$	部分圆环	$x_C = \dfrac{2\,(R^3-r^3)}{3\,(R^2-r^2)}\,\dfrac{\sin\alpha}{\alpha}$
抛物线面	$x_C = \dfrac{3}{5}a$ $y_C = \dfrac{3}{8}b$	抛物线面	$x_C = \dfrac{3}{4}a$ $y_C = \dfrac{3}{10}b$
半圆球	$z_C = \dfrac{3}{8}r$	正圆锥体	$z_C = \dfrac{1}{4}h$
正角锥体	$z_C = \dfrac{1}{4}h$	锥形筒体	$z_C = \dfrac{4R_1+2R_2-3t}{6\,(R_1+R_2-t)}\cdot L$

对于由若干个简单形体组合而成的组合体，可将组合形体分割成若干微体（简单几何图形），然后应用形心公式计算出组合形体的形心位置，下面举例说明。

例 4-3　求图 4-6 所示角钢横截面之形心。图中尺寸单位为 mm。

解　建立坐标系，将图形分割为两个矩形，两个矩形的面积和形心坐标分别为

$$A_1 = 300 \times 30 = 9\,000 \text{ mm}^2$$

$$x_1 = 15 \text{ mm} \qquad y_1 = 150 \text{ mm}$$

$$A_2 = 170 \times 30 = 5\,100 \text{ mm}^2$$

$$x_2 = 115 \text{ mm} \qquad y_2 = 15 \text{ mm}$$

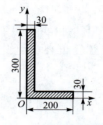

图 4-6　角钢横截面

代入式，得

$$x_C = \frac{\sum \Delta A_i x_i}{A} = \frac{A_1 x_1 + A_2 x_2}{A_1 + A_2} = 51.2 \text{ mm}$$

$$y_C = \frac{\sum \Delta A_i y_i}{A} = \frac{A_1 y_1 + A_2 y_2}{A_1 + A_2} = 101.2 \text{ mm}$$

所以，角钢形心为（51.2，101.2）。

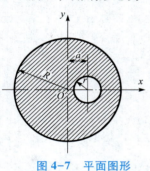

图 4-7　平面图形

如果在组合形体中切去一部分，而需要求出余下部分物体的重心时，仍可应用组合法，但要把切去部分的面积取为负值。

例 4-4　求图 4-7 所示平面图形的形心坐标。已知：大圆半径 $R = 200$ mm，小圆半径 $r = 50$ mm，中心距 $a = 100$ mm。

解　建立坐标系，将图形分割为大圆和小圆两部分，因为该平面图形关于 x 轴对称，其形心必在 x 轴上，故 $y_C = 0$。两个圆的面积和形心坐标分别为

$$A_1 = \pi R^2 = 3.14 \times 200^2 = 125\,600 \text{ mm}^2$$

$$x_1 = 0, \qquad y_1 = 0$$

$$A_2 = -\pi r^2 = -3.14 \times 50^2 = -7\,850 \text{ mm}^2$$

$$x_2 = 100 \text{ mm}, \qquad y_2 = 0$$

代入式，得

$$x_C = \frac{\sum \Delta A_i x_i}{A} = \frac{A_1 x_1 + A_2 x_2}{A_1 + A_2} = -6.67 \text{ mm}$$

所求图形的形心为（-6.67，0）。

小　结

本章的主要内容有：

（1）轮轴类构件的平衡问题。轮轴类构件的平衡问题是一空间平衡力系，通常用平面法

来求解，即将空间平衡力系分别投影到侧面、铅垂面和水平面上得到三个平面平衡力系再求解。

（2）重心。重心是物体各部分所受质量之合力的作用点。均质物体的重心，即物体的形心。对于非均质物体，若质量关于形心或形心轴对称，则重心仍在形心或形心轴上。简单组合形体的重心可用组合法计算出。

思考题和习题

4-1　如题 4-1 图所示某转轴，$AC = AD = DB = 200$ mm，C 轮直径 $a_1 = 50$ mm，D 轮直径 $d_2 = 100$ mm。带轮 C 上作用着铅垂力 F_1 和 F_2，轴匀速转动时 $F_2 = 2F_1$。已知 D 轮上的力偶 $M = 50$ N·m，求力 F_1、F_2 的大小及轴承 A、B 的约束反力。

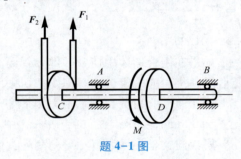

题 4-1 图

4-2　如题 4-2 图所示，水平轴上装有两个凸轮，凸轮上分别作用有已知力 $P = 0.8$ kN，和未知力 F，求轴转动平衡时力 F 的大小和轴承的约束反力。

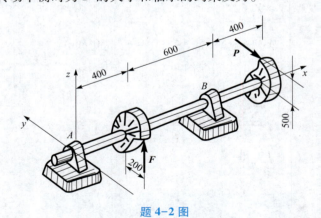

题 4-2 图

4-3　某匀速转动的转轴如题 4-3 图所示。已知齿轮 A 直径 $D_A = 200$ mm，受径向力 $F_{Ar} = 3.64$ kN、切向力 $F_{At} = 10$ kN 作用。齿轮 C 直径 $D_C = 400$ mm，受径向力 $F_{Cr} = 1.82$ kN、切向力 F_{Ct} 作用，求 F_{Ct} 及轴承的约束反力。

4-4　如题 4-4 图所示，变速器中间轴上装有两个直齿轮，其分度圆半径 $r_1 = 100$ mm，

$r_2 = 72$ mm，啮合点分别在两齿轮的最低和最高点，齿轮压力角 $\alpha = 20°$，在齿轮 I 上的圆周力 $F_{t1} = 1.58$ kN。不计轴与齿轮的自重，求当轴匀速转动时作用于 II 齿轮上的圆周力 F_{t2} 及轴承 A、B 的约束反力。（提示：$F_r = F_t \cdot \tan \alpha$）

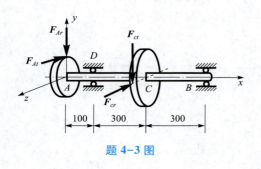

题 4-3 图

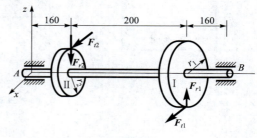

题 4-4 图

4-5　题 4-5 图中，$AC = CD = DB = 200$ mm，齿轮 C 直径 $d_1 = 160$ mm，齿轮 D 直径 $d_2 = 80$ mm，圆柱齿轮压力角 $\alpha = 20°$，已知轴做匀速转动时作用在大齿轮前方的力 $F_1 = 2$ kN，求作用在小齿轮上方的力 F_2 及两轴承的约束反力。

4-6　如题 4-6 图所示，某转轴上装有两带轮，其半径分别为 $r_1 = 200$ mm，$r_2 = 250$ mm。轮 I 上的带是水平的，其张力 $F_{T1} = 2F'_{T1} = 5$ kN，轮 II 上的带与铅垂线的夹角 $\beta = 30°$，其张力 $F_{T2} = 2F'_{T2}$。不计轴与带轮自重，求轴匀速转动时的张力 F_{T2}、F'_{T2} 及轴承 A、B 的约束反力。

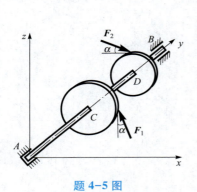

题 4-5 图

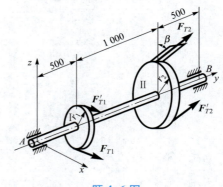

题 4-6 图

4-7　求题 4-7 图所示振动器中偏心块的形心位置。已知 $R = 100$ mm，$r = 13$ mm，$b = 17$ mm。

4-8　求题 4-8 图所示 T 形截面的形心。

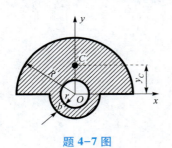

题 4-7 图

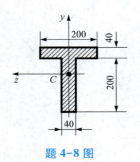

题 4-8 图

4-9 求题 4-9 图所示各平面图形的形心坐标。

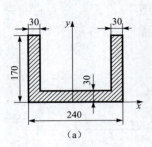

（a）

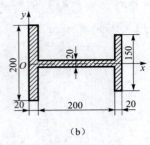

（b）

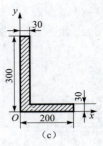

（c）

题 4-9 图

第二篇
材料力学

　　在前面各章中，我们将物体视为不发生变形的刚体，讨论其平衡问题。从本篇开始，我们研究的对象是变形体，属于固体力学的范畴。事实上，物体在力的作用下，不但或多或少总有变形发生，而且还可能破坏，因此，不仅要研究物体的受力，还要研究物体受力后的变形和破坏，以保证我们设计制造的产品或结构能实现预期的设计功能和正常工作。要研究固体的变形和破坏，就不再能接受刚体假设，而必须将物体视为变形固体。

　　对于刚体而言，作用在刚体上的力矢量可以认为是滑移矢，力偶矩矢是自由矢，是因为没有考虑物体的变形；而对于变形固体，力矢量不再能沿其作用线滑移，力偶矩矢也不再能自由平移，因为它们的作用位置将影响物体的变形。因此在学习材料力学时要以一种与前一篇不同的思考方式解决问题。

第 5 章
材料力学概述

5.1　材料力学的基本任务

5.1.1　构件正常工作的基本要求

任何建筑物和机械都是由一些构件（或零件）组成的。作用在建筑物和机械上的外力通常称为载荷。例如，厂房外墙受到的风力、水坝受到的水压力、车床主轴受到的切削力以及物体的自重等。建筑物中承受载荷而起骨架作用的部分称为结构。

要使结构物或机械能正常地工作，就必须保证组成它的每个构件（或零件）在载荷作用下能正常工作。因此在工程中所设计的每个构件都必须有足够的承受载荷的能力（简称承载能力）。为此构件必须满足下列基本要求：

强度不够例子 1　　强度不够例子 2　　强度不够例子 3

1. 足够的强度

所谓强度是指构件在外载荷作用下抵抗破坏或过大塑性变形（外载荷去掉后不能恢复的变形）的能力。构件发生断裂或发生过量塑性变形，势必影响其正常工作。

2. 足够的刚度

所谓刚度是指构件在外载荷作用下抵抗过大弹性变形（外载荷去掉后能恢复的变形）的能力。虽然这类变形可以恢复，但是，对于某些构件来说，弹性变形超过了某一允许的极限，同样可能导致机器不能正常工作。如图 5-1 所示的情况，加工工件的圆柱面被切成圆锥面，同时，车床主轴轴承还会发生偏磨，影响其寿命。

刚度不够例子 1

刚度不够例子 2

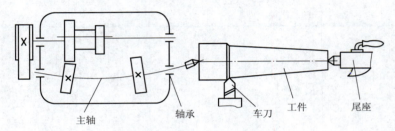

主轴　　　　　　轴承　　车刀　　工件　　尾座

图 5-1　在车床上车削工件

3. 稳定性要求

所谓稳定性要求，就是指承受载荷作用时构件在其原有形状下的平衡应保持为稳定的平衡。例如如图 5-2（a）所示的顶起汽车的千斤顶螺杆、如图 5-2（b）所示的长活塞杆 CD，有时会突然从原来的直线形状弯成曲线形状，甚至弯曲折断，如图 5-2（c）所示的这种现象称为丧失稳定或简称失稳。稳定性要求就是要求这类受压构件不能丧失稳定。

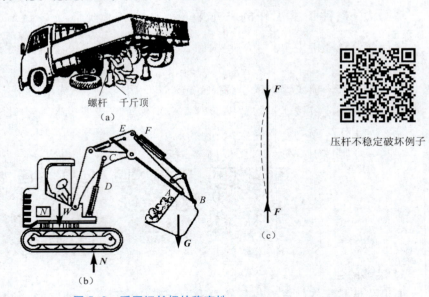

螺杆　千斤顶

（a）

（b）

压杆不稳定破坏例子

（c）

图 5-2　受压细长杆的稳定性

（a）千斤顶螺杆；（b）长活塞杆；（c）直线变曲线

5.1.2　材料力学的任务

材料力学就是研究构件的强度、刚度和稳定性计算的科学。

要构件满足上述三个方面的要求，似乎只要使构件的尺寸做得粗厚些并选用优质材料来制作就可以了，但是这样做又可能造成材料的浪费和结构的笨重，有时也不美观，可见安全可靠与经济适用两者间常常是矛盾的。材料力学的任务就是为构件的强度、刚度、稳定性要求提供必要的理论基础和计算方法，使设计的构件在形状、尺寸和选用的材料诸方面既满足承载能力要求又经济实用。当然，在工程设计中解决安全、适用和经济间的矛盾，仅仅从力学观点考虑是不够的，还要综合考虑其他方面的条件。

要为构件选用适用的材料，就必须了解材料的各种性质，材料力学还通过实验的手段测定材料的力学性质，为更合理的选用材料提供理论依据。

5.2　变形固体及其基本假设

在理论力学中，研究的是物体在外力作用下的平衡和运动规律，物体的微小变形是次要因素，而把物体抽象成刚体；在材料力学中，研究物体的强度、刚度和稳定性问题时，变形则成为一个主要因素，而且刚度要求本身就需要考察变形，所以，材料力学必须把物体看成可变形的固体，简称变形固体。

工程中使用的固体材料是多种多样的，而且其微观结构和力学性质也非常复杂，为了使问题得到简化，通常对变形固体做如下基本假设：

1. 均匀连续性假设

该假设认为组成物体的物质毫无空隙地充满了整个物体的几何容积。实践证明，在工程中，将构件抽象为连续、均匀的变形体，所得到的计算结果是令人满意的。根据这一假设，从构件截取任意微小部分进行研究，并将其结果推广到整个物体；同时，也可以将那些用大尺寸试件在实验中获得的材料性质，用到任意微小部分上去。

2. 各向同性假设

该假设认为材料沿各个方向的力学性质都是相同的。常用的工程材料如钢、塑料、玻璃以及浇注得很好的混凝土等，都可认为是各向同性材料。如果材料沿不同方向具有不同的力学性质，则称为各向异性材料。

根据这个假设，在研究了材料在任一方向的力学性质后，就可以将其结论用于其他任何方向，即不考虑材料的方向性问题。

3. 弹性小变形假设

固体材料在载荷作用下所发生的变形可分为弹性变形和塑性变形。载荷卸除后能完全消失的变形称为弹性变形，不能消失的变形称为塑性变形。如取一段直的钢丝，用手将它弯成一个圆弧，若圆弧的曲率不大，则放松后钢丝又会变直，这种变形就是弹性变形；若变形的圆弧曲率过大，则放松后弧形钢丝的曲率虽然会减小些，但却不能再变直了，残留下来的那一部分变形就是塑性变形。一般地说，当载荷不超过一定的范围时，材料将只产生弹性变形。弹性变形可能很小也可能相当大，在材料力学中通常做出小变形假设。在工程实际中大多数构件在载荷作用下的变形符合小变形假设，因此，在利用平衡条件求支座反力、构件内力时可以不考虑变形，仍用原来尺寸，从而使计算得到简化。

综上所述，材料力学认为一般的工程材料是均匀连续、各向同性的变形固体。材料力学主要研究在弹性范围内小变形条件下的强度、刚度和稳定性问题。

5.3　杆件变形的基本形式

在机器或结构物中，构件的形式是多种多样的，若构件的长度远大于横截面的尺寸，则称为杆件或杆。轴线为直线的称为直杆。各横截面的形状、尺寸完全相同的称为等截面杆，否则为变截面杆。

杆件在不同形式外力的作用下将产生不同形式的变形。杆件变形的基本形式有四种：轴向拉伸或压缩，见图 5-3（a）；剪切，如图 5-3（b）；扭转，如图 5-3（c）；弯曲，如图 5-3（d）。其他复杂的变形可归结为上述基本变形的组合。

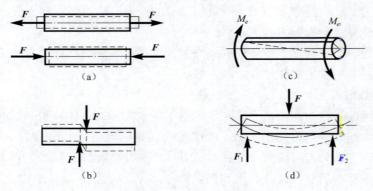

图 5-3　杆件的基本变形

（a）拉伸或压缩；（b）剪切；（c）扭转；（d）弯曲

本章的主要内容有：

（1）材料力学的任务就是研究构件的强度、刚度和稳定性。

所谓强度是指构件抵抗破坏的能力；刚度是指构件抵抗弹性变形的能力；稳定性是指构件维持其原有平衡状态的能力。

　　（2）材料力学的基本假设是均匀连续性假设、各向同性假设和弹性小变形假设。

　　（3）杆件变形的基本形式是轴向拉伸或压缩、剪切、扭转和弯曲四种。

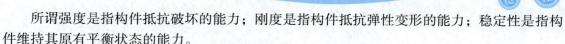

5-1　什么是构件的强度、刚度和稳定性？

5-2　材料力学的基本任务是什么？

5-3　材料力学中有哪些基本假设？为什么作这些基本假设？

5-4　举例说明小变形原理及其在材料力学中的应用。

5-5　材料力学主要研究的对象是哪类构件，杆件的基本变形形式有哪几种？

第6章
轴向拉伸和压缩

轴向拉伸和压缩的概念

机器和结构物中，很多构件受到拉伸和压缩的作用。例如图 6-1 所示的悬臂吊车拉杆、图 6-2 所示的内燃机连杆，即是杆件受拉伸或压缩的实例。

这些受力构件的共同特点是：外力（或外力的合力）的作用线与杆轴线重合。其主要变形为轴向伸长或缩短，见图 6-1（b）、图 6-2（b）。这种变形形式称为轴向拉伸或压缩，此类杆件称为拉（压）杆。

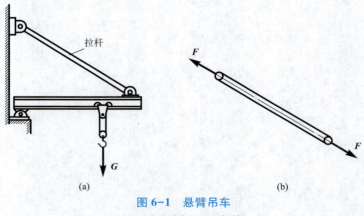

(a)   (b)

图 6-1 悬臂吊车

（a）悬臂吊车；（b）拉伸

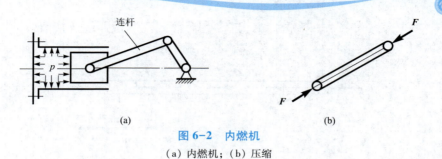

图 6-2　内燃机

（a）内燃机；（b）压缩

6.2　截面法、轴力与轴力图

6.2.1　内力的概念

物体在外力或其他因素（如温度变化）作用下将产生变形，其内部各点间的相对位置将有变化，从而产生抵抗变形的相互作用力，就是材料力学中所研究的内力。也就是说，材料力学所研究的内力是由外力引起的，内力将随外力的变化而变化。外力增大，内力也增大；外力去掉后，内力将随之消失。

内力的分析与计算是材料力学解决构件的强度、刚度和稳定性问题的基础，必须予以重视。

6.2.2　截面法、轴力与轴力图

为了确定杆件的内力，可按如下方法求解：为了求图 6-3 所示两端受拉力 F 作用的杆件任一横截面 m—m 上的内力，可假想地用与杆件轴线垂直的平面在 m—m 截面处将杆件截开；取左段（或右段）为研究对象；用分布内力的合力 F_N 来代替右段对左段的作用，建立平衡方程，可得 $F_N = F$。用以上三步求内力的方法称为截面法。由于 F_N 与轴线重合故称为轴力。拉伸时轴力与截面外法线方向一致，规定为正；压缩时轴力与截面外法线方向相反，规定为负。当轴力方向未知时，轴力一般按正向假设。

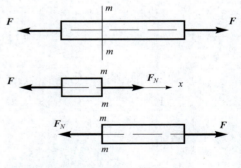

图 6-3　截面法求轴力

实际问题中，杆件所受外力可能很复杂，这时杆件各横截面上的轴力将不相同。为了形象而清晰地表示轴力沿轴线变化的情况，常取横坐标 x 表示杆的截面位置，纵坐标 F_N 表示相应截面上轴力的大小，这样绘制出的函数图形称为轴力图。

例6-1 直杆受力如图6-4所示。已知 $F_1 = 16$ kN，$F_2 = 10$ kN，$F_3 = 20$ kN，试画出直杆 AD 的轴力图。

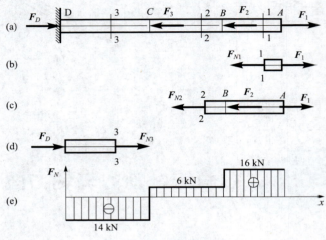

图6-4 直杆 AD

（a）直杆受力；（b）截取1为研究对象；

（c）截取2为研究对象；（d）截取3为研究对象；（e）直杆轴力图

解 （1）计算 D 端支座反力，由整体受力图建立平衡方程：

$$\sum F_X = 0, F_D + F_1 - F_2 - F_3 = 0$$

$$F_D = F_2 + F_3 - F_1 = 10 + 20 - 16 = 14 \text{ kN}$$

（2）分段计算轴力，由于 B 和 C 处作用有外力，故将杆分为三段。用截面法截取如图6-4（b）、（c）、（d）所示的研究对象后，由平衡方程分别求得

$$F_{N1} = F_1 = 16 \text{ kN}$$

$$F_{N2} = F_1 - F_2 = 6 \text{ kN}$$

$$F_{N3} = -F_D = -14 \text{ kN}$$

式中，F_{N3} 为负值，表明3—3横截面上的轴力的实际方向与图中所假设的方向相反，杆件受压缩。

（3）画轴力图，根据所求得的轴力值，画出轴力图如图6-4（e）所示。由轴力图可以看出 $F_{N\max} = 16$ kN，发生在 AB 段内。

6.3 横截面上的应力

6.3.1 应力的概念

确定了轴力后，还不能解决杆件的强度问题。例如，用同一材料制成粗细不同的两根直

杆，在相同的拉力作用下，两杆轴力显然相同，但随着拉力的增大，横截面小的杆件必然先被拉断。这说明杆件的强度不仅与轴力的大小有关，而且还与横截面面积的大小有关，为此，引入应力的概念。

研究图 6-5（a）所示杆件，在截面 m—m 上任一点 O 的周围取微小面积 ΔA，设在微面积 ΔA 上分布内力的合力为 ΔF，一般情况下 ΔF 与截面不垂直，则 ΔF 与 ΔA 的比值称为微面积 ΔA 上的平均应力，用 p_m 表示，即

$$p_m = \frac{\Delta F}{\Delta A}$$

一般情况下，内力在截面上的分布并非均匀，为了更精确地描述内力的分布情况，令微面积 ΔA 趋近于零，由此所得平均应力 p_m 的极限值，用 p 表示：

$$p = \lim_{\Delta A \to 0} \frac{\Delta F}{\Delta A} = \frac{dF}{dA}$$

则 p 称为 O 点处的应力。它是一个矢量，通常将其分解为与截面垂直的分量 σ 和与截面相切的分量 τ。σ 称为正应力，τ 称为切应力，见图 6-5（b）。

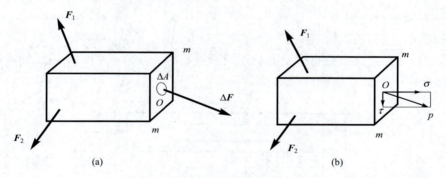

图 6-5　应力的概念

（a）杆件受力；（b）正应力 σ 与切应力 τ

在我国法定计量单位中，应力的单位为 Pa，$1\,Pa = 1\,N/m^2$。另外在工程实践中，还常采用 MPa 和 GPa 来表示应力，其换算关系为 $1\,MPa = 10^6\,Pa$，$1\,GPa = 10^9\,Pa$。

6.3.2　横截面上的应力

欲求横截面上的应力，必须研究横截面上的轴力的分布规律。图 6-6 所示为一受拉等截面直杆，受力前在杆的表面画上与轴线平行的纵向直线和与轴线垂直的横向直线 ab、cd。受拉后观察到，纵向线仍相互平行；横向线移至 a_1b_1、c_1d_1 位置，但仍为直线。由此可知，各纵向线的伸长量均相等，横向收缩量也相同。

根据对上述现象的分析，可作如下假设：受拉伸的杆件变形前为平面的横截面，变形后仍为平面，仅沿轴线产生了相对平移，仍与杆的轴线垂直，这个假设称为平面假设。由此可以推断出，内力在横截面上是均匀分布的，这一结论已被试验所证实。即横截面上各点处的应力大小相等，其方向与横截面上轴力 F_N 一致，见图 6-6（c）、（d），故为正应力。其计算公式为

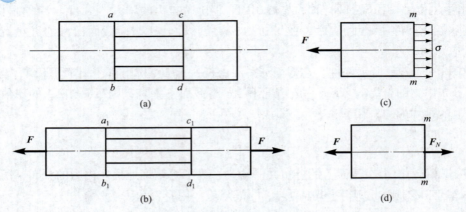

图 6-6　拉伸杆件的应力

（a）等截面直杆；（b）直杆受力变形；（c）横截面的应力；（d）横截面的轴力

$$\sigma = \frac{F_N}{A} \tag{6-1}$$

式中　A——杆横截面面积。

正应力的正负号与轴力的正负号一致，即拉应力为正，压应力为负。

例 6-2　如图 6-7 所示的直杆，中段正中开槽，承受载荷 $F = 20$ kN，已知 $h = 25$ mm，$h_0 = 10$ mm，$b = 20$ mm，试求杆内的最大正应力。

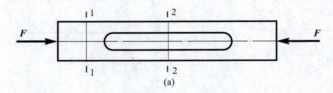

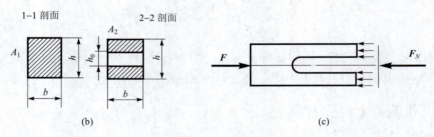

图 6-7　开槽直杆

（a）直杆；（b）剖面；（c）应力

解　（1）计算轴力：用截面法求得杆中各截面上的轴力均为

$$F_N = -F = -20 \text{ kN}$$

（2）计算最大正应力：由于整个杆件轴力相同，最大正应力发生在面积较小的横截面上，即开槽部分横截面上。开槽部分的横截面面积 A 为

$$A = (h - h_0)b = 300 \text{ mm}^2$$

则杆内最大应力 $\sigma_{\max}$ 为

$$\sigma_{\max} = \frac{F_N}{A} = -\frac{20\times10^3}{300\times10^{-6}} = -66.7\times10^6 \text{ Pa} = -66.7 \text{ MPa}$$

负号表示此最大正应力为压应力。

6.4　金属材料的力学性能

　　金属材料的力学性能是指金属材料在外力作用下，在变形和破坏方面表现出的种种性能，是解决强度、刚度和稳定性问题所不可缺少的依据。要知道这些性能必须通过试验才能获得，下面讨论在常温、静载条件下金属材料在拉伸和压缩时的力学性能。

6.4.1　低碳钢拉伸时的力学性能

1. 应力—应变图

　　含碳量小于 0.25% 的钢称为低碳钢。低碳钢是机械工程中最常用的钢材之一，它所表现出的力学性能比较全面、比较典型。按 GB/T 6397—1986 的规定，将低碳钢制成图 6-8 所示的标准试样，在室温下把试样装入拉伸试验机的夹头中，缓慢加载，并记录下拉力 F 与对应标距 l 的伸长量 Δl 之间的关系，若以纵坐标表示拉力 F，横坐标表示伸长量 Δl，便可得到力—伸长量曲线图，见图 6-9（a）。为了消除试样尺寸的影响，将载荷 F 除以试样原来的横截面面积 A，得到应力；将变形 Δl 除以试样的原长 l，得到线应变 ε，这样得到的曲线称为应力—应变曲线（σ—ε 曲线）。σ—ε 曲线的形状与 F—Δl 曲线相似，见图 6-9（b）。

图 6-8　拉伸试样

　　下面讨论应力—应变图，它大致可分为四段：

　　（1）线弹性阶段：图 6-9（b）中 Oa 为一直线段，说明该段内应力和应变成正比。直线部分的最高点 a 所对应的应力值 σ_p 称为比例极限。当应力超过比例极限后，图中的 aa' 段已不是直线，但当应力值不超过 a' 点所对应的应力 σ_e 时，如将外力卸去，试样的变形也随之消失，即为弹性变形，σ_e 称为弹性极限。比例极限和弹性极限的概念不同，但实际上 a 点和 a' 点非常接近，工程上对两者不作严格区分。

　　（2）屈服阶段：当应力超过弹性极限后，图上出现接近水平的小锯齿形波动段 bc，这种应力变化不大而应变显著增加的现象称为材料的屈服或流动。bc 段对应的过程为屈服阶段；屈服阶段的最低应力值 σ_s 称为材料的屈服极限。

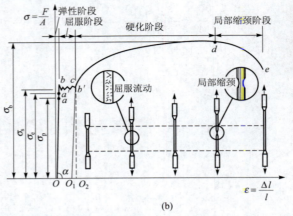

低碳钢拉伸实验

图 6-9　低碳钢拉伸 σ—ε 曲线

（a）力—伸长量曲线图；（b）应力—应变图

（3）强化阶段：屈服阶段后，材料抵抗变形的能力有所恢复。这种材料又恢复抵抗变形能力的现象称为材料的强化；cd 段对应的过程称为材料的强化阶段。曲线最高点 d 所对应的应力值 σ_b 称为材料的强度极限，是材料所能承受的最大应力。

（4）缩颈阶段：应力达到强度极限后，在试样较薄弱的截面处发生急剧的局部收缩，出现缩颈现象。从试验机上则可看到试样所受拉力逐渐降低，最终试样被拉断。曲线上为一段下降曲线 de。

试样拉断后，弹性变形消失，但塑性变形保留下来。工程中常用试样拉断后残留的塑性变形来表示材料的塑性性能。常用的塑性指标有两个，即伸长量 δ 和断面收缩率 Ψ，分别为

$$\delta = \frac{l_1-l}{l} \times 100\% \tag{6-2}$$

$$\Psi = \frac{A-A_1}{A} \times 100\% \tag{6-3}$$

式中　l——标距原长；

l_1——拉断后标距的长度；

A——试样初始横截面面积；

A_1——拉断后缩颈处的最小横截面面积，见图 6-10。

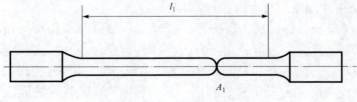

图 6-10　拉伸试样的伸长

工程上通常把伸长率 δ≥5% 的材料称为塑性材料，如钢、铜和铝等；把 δ<5% 的材料称为脆性材料，如铸铁、砖石等。

2. 冷作硬化

过了屈服阶段后，继续加载，如在 bd 间任一点卸载到零，σ—ε 曲线将沿着几乎与 Oa 平行的直线 fg 回到 g 点，见图 6-11（a）。Og 是试样残留下来的塑性应变。卸载到零后再重新加载，则 σ—ε 曲线将基本沿着卸载时的直线 gf 上升至 f 点，以后沿原来的曲线 fde 变化，直至拉断，见图 6-11（b）。由此可见，将试样拉到超过屈服点应力后卸载，材料的比例极限 σ_p 和屈服极限 σ_s 有所提高，但塑性下降，这种现象称为材料的冷作硬化。

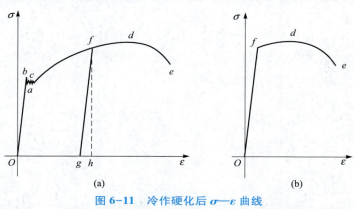

图 6-11　冷作硬化后 σ—ε 曲线

（a）过了屈服阶段后继续加载曲线；（b）卸载到零后再重新加载曲线

工程中常常利用应变硬化现象，来达到提高某些构件承载能力的目的，如预应力钢筋、钢丝绳等。

6.4.2　铸铁等其他金属材料拉伸时的力学性能

铸铁等其他金属材料拉伸试验和低碳钢拉伸试验做法相同，但材料显示出的力学性能有差异。图 6-12 给出了锰钢、硬铝、退火球墨铸铁和 45 钢的应力—应变曲线。这些都是塑性材料，但前三种材料无明显的屈服阶段。

图 6-13 是灰铸铁拉伸时的 σ—ε 曲线。由图可见，曲线无明显的直线部分，既无屈服阶段，也无缩颈现象；断裂时应变很小，断口垂直于试样轴线。铸铁的伸长率 δ 通常只有 $0.5\% \sim 0.6\%$，是典型的脆性材料。强度极限 σ_b 是脆性材料唯一的强度指标。

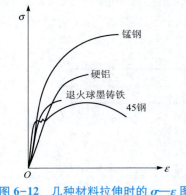

图 6-12　几种材料拉伸时的 σ—ε 图

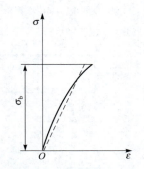

图 6-13　灰铸铁拉伸时的 σ—ε 图

6.4.3　材料压缩时的力学性能

金属材料的压缩试样，一般做成短圆柱体，为避免压弯，其高度为直径的 1.5～3 倍。图 6-14 为低碳钢压缩时的 σ—ε 曲线，虚线代表拉伸时的 σ—ε 曲线。可以看出，在弹性阶段和屈服阶段两曲线是重合的。进入强化阶段后，两曲线逐渐分离，压缩曲线上升。由于应力超过屈服极限后，试样被越压越扁，横截面面积不断增大，因此，无法测出低碳钢的抗压强度极限。

铸铁压缩时的 σ—ε 曲线如图 6-15 所示，虚线为拉伸时的 σ—ε 曲线。可以看出，铸铁压缩时的强度极限 σ_{by} 比拉伸时的强度极限 σ_b 高出 4～5 倍，因此工程上常用脆性材料做受压构件。其破坏形式为沿 45° 左右的斜面剪断。

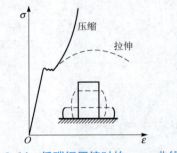
图 6-14　低碳钢压缩时的 σ—ε 曲线

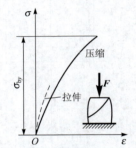
图 6-15　铸铁压缩时的 σ—ε 曲线

6.5　轴向拉压杆的变形　虎克定律

6.5.1　纵向线应变和横向线应变

实验表明，构件在轴向拉力或压力的作用下，沿轴线方向将发生伸长或缩短，同时，横向（与轴线垂直的方向）必发生缩小或增大，如图 6-16 所示，图中实线为变形前的形状，虚线为变形后的形状。

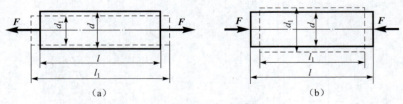
（a）　　　　　　　　　　　　　　（b）
图 6-16　杆件的轴向和横向变形
（a）拉伸；（b）压缩

设 l 与 d 分别为构件变形前的长度与直径，l_1 与 d_1 为变形后的长度与直径，则变形后的长度改变量 Δl 和直径改变量 Δd 将分别为

$$\Delta l = l_1 - l$$

$$\Delta d = d_1 - d$$

Δl 和 Δd 称为绝对变形，即总的伸长量或缩小量。

为了消除构件原尺寸对变形大小的影响，将绝对变形量除以构件的初始尺寸，即得单位长度内的变形，称为线应变。与上述两种绝对变形对应的线应变为

$$\varepsilon = \frac{\Delta l}{l}$$

$$\varepsilon_1 = \frac{\Delta d}{d}$$

ε 为纵向线应变，ε_1 为横向线应变。它们都是无量纲的量。ε 和 ε_1 的正负号分别与 Δl 和 Δd 相一致。

实验证实，在弹性变形范围内，横向线应变与纵向线应变之间存在着正比关系，且符号相反，即

$$\varepsilon_1 = -\mu\varepsilon$$

式中，比例常数 μ 称为材料的泊松系数或泊松比，是无量纲的量，其值与材料有关。一般钢材的 μ 值在 $0.25 \sim 0.33$ 之间。

6.5.2 虎克定律

由低碳钢的拉压试验可知，当应力在比例极限以内时，应力与应变成正比，即

$$\sigma = E\varepsilon \tag{6-4}$$

上式就是拉压虎克定律。式中的 E 为比例系数，其值与材料的性质有关，称为材料的弹性模量。它的单位与应力的单位相同。

若将 $\varepsilon = \dfrac{\Delta l}{l}$，$\sigma = \dfrac{F_N}{A}$ 代入式（6-4），则得虎克定律的另一表达式，即

$$\Delta l = \frac{F_N l}{EA} \tag{6-5}$$

式（6-5）表明，当应力在比例极限以内时，构件的绝对变形 Δl 与乘积 EA 成反比，即该乘积越大，绝对变形 Δl 越小，所以 EA 表征了构件抵抗拉伸（压缩）的能力，称为抗拉（压）刚度。

弹性模量 E 和泊松比 μ 都是表征材料弹性的常数，可由实验测定。几种常用材料的 E 和 μ 值见表 6-1。

表 6-1 常用材料的 E、G 和 μ 值

材料名称	E/GPa	G/GPa	μ
碳钢	$196 \sim 216$	$78.5 \sim 79.4$	$0.24 \sim 0.28$

续表

材料名称	E/GPa	G/GPa	μ
合金钢	186～206	78.5～79.4	0.25～0.30
灰铸铁	78.5～157.0	44.1	0.23～0.27
铜及铜合金	72.6～128.0	41.2	0.31～0.42
铝合金	70	26.5	0.33

注：① G 为剪切弹性模量。

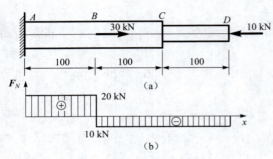

图 6-17　阶梯形直杆 AD
（a）阶梯形直杆；（b）杆的轴力图

例 6-3 阶梯形直杆 AD 受力如图 6-17（a）所示。已知其横截面面积分别为 $A_{CD}=$ 300 mm^2，$A_{AB}=A_{BC}=500$ mm^2，弹性模量 $E=200$ GPa，试画出 AD 杆的轴力图，并求整个杆的总变形量。

解　（1）作轴力图：由于 B 和 D 处作用有外力，故将杆分为 BD 和 AB 二段。用截面法截取截面后，由平衡方程分别求得

$$F_N^{CD}=F_N^{BC}=-10 \text{ kN}$$
$$F_N^{AB}=20 \text{ kN}$$

画出杆的轴力图，见图 6-17（b）。

（2）计算各段杆的变形量：应用虎克定律分别求出各段杆的变形量为

$$\Delta l_{AB}=\frac{F_N^{AB}l_{AB}}{EA_{AB}}=\frac{20\times10^3\times0.1}{200\times10^9\times500\times10^{-6}}=2\times10^{-5} \text{ m}$$

$$\Delta l_{BC}=\frac{F_N^{BC}l_{BC}}{EA_{BC}}=\frac{-10\times10^3\times0.1}{200\times10^9\times500\times10^{-6}}=-1\times10^{-5} \text{ m}$$

$$\Delta l_{CD}=\frac{F_N^{CD}l_{CD}}{EA_{CD}}=\frac{-10\times10^3\times0.1}{200\times10^9\times300\times10^{-6}}=-1.67\times10^{-5} \text{ m}$$

（3）计算杆的总变形量：杆的总变形量等于各段变形量之和，即

$$\Delta l=\Delta l_{AB}+\Delta l_{BC}+\Delta l_{CD}=(2-1-1.67)\times10^{-5}\text{m}=-0.0067 \text{ mm}$$

计算结果为负，说明杆的总变形为压缩变形。

轴向拉（压）杆的强度计算

6.6.1　极限应力、许用应力和安全因数

一般来说，构件的破坏表现为构件发生断裂或产生过大的塑性变形（永久变形）而失效。由材料力学性能的研究可知，表征塑性材料破坏的行为是屈服，表征脆性材料破坏的行为是断裂，材料丧失正常工作能力时的应力称为极限应力。

为了使构件有足够的强度，构件在载荷作用下的最大应力必须小于材料的极限应力 σ_u。对于塑性材料，取 $\sigma_u = \sigma_s$；对于脆性材料，取 $\sigma_u = \sigma_{bl}$ 或 $\sigma_u = \sigma_{by}$。但为了保证构件安全可靠地工作，还应留有适当的强度储备。一般把极限应力除以大于 1 的安全因数 n，所得结果称为许用应力 $[\sigma]$，即

$$[\sigma] = \frac{\sigma_u}{n} \tag{6-6}$$

在确定安全因数时应根据载荷和应力的性质及其计算的准确性、材料的性质和材质的不均匀性、零件的重要程度、零件的工艺质量、机器运行条件（平稳、冲击等）和工作环境状况（腐蚀、温度）等方面情况加以综合考虑，也可参照有关的设计手册选取。对于塑性材料一般取 $n = 1.3 \sim 2.0$；对于脆性材料一般取 $n = 2.0 \sim 3.5$。

6.6.2　拉（压）杆的强度条件

综上所述，轴向拉、压杆安全工作的条件为最大工作应力 σ_{max} 小于或等于许用应力 $[\sigma]$，即

$$\sigma_{max} = \frac{F_N}{A} \leq [\sigma] \tag{6-7}$$

上式称为拉（压）杆的强度条件。式中，F_N 和 A 分别为危险截面上的轴力及其横截面面积。

利用强度条件，可以解决下列三种强度计算问题：

（1）校核强度：已知杆件的尺寸、所受载荷和材料的许用应力，根据式（6-7）校核杆件是否满足强度条件。

（2）设计截面：已知杆件所受载荷和材料的许用应力，确定杆件所需的最小横截面面积 A，由式（6-7）得

$$A \geq \frac{F_N}{[\sigma]} \tag{6-8}$$

（3）确定承载能力：已知杆件的横截面尺寸及材料的许用应力，确定许用载荷，由式（6-7）确定最大许用轴力为

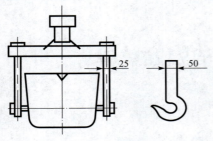

图 6-18　吊运铁水包

$$F_N \leqslant [\sigma]A \qquad (6-9)$$

然后即可求出杆件的许用载荷。

例 6-4　铸工车间吊运铁水包的吊杆的横截面尺寸（mm）如图 6-18 所示。吊杆材料的许用应力 $[\sigma] = 80$ MPa，铁水包自重为 8 kN，最多能容 30 kN 重的铁水，试校核吊杆的强度。

解　因为总载荷由两根吊杆来承担，故每根吊杆的轴力应为

$$F_N = \frac{F}{2} = \frac{30+8}{2} = 19 \text{ kN}$$

吊杆横截面上的应力为

$$\sigma = \frac{F_N}{A} = \frac{19 \times 10^3}{25 \times 50 \times 10^{-6}} = 15.2 \times 10^6 \text{ Pa} = 15.2 \text{ MPa} < [\sigma]$$

故吊杆满足强度条件。

例 6-5　某冷镦机的曲柄滑块机构如图 6-19（a）所示，锻压时连杆 AB 接近水平位置，墩压力 $F = 3\ 780$ kN，见图 6-19（b）。连杆横截面为矩形，高与宽之比 $h/b = 1.4$，材料的许用应力 $[\sigma] = 90$ MPa，试设计截面尺寸 h 和 b。

解　由于镦压时连杆近于水平，所以所受的压力近似等于墩压力 F，则轴力为 $F_N = F = 3\ 780$ kN，根据强度条件（式 6-8）有

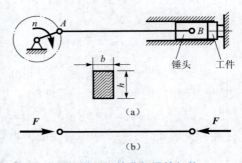

（a）

图 6-19　镦压机的曲柄滑块机构

（a）机构；（b）墩压力图

$$A \geqslant \frac{F_N}{[\sigma]} = \frac{3\ 780 \times 10^3}{90 \times 10^6} = 420 \times 10^{-4} \text{m}^2 = 42\ 000 \text{ mm}^2$$

由于连杆截面为矩形且 $h/b = 1.4$，所以有

$$A = bh = 1.4b^2 \geqslant 42\ 000 \text{ mm}^2$$

$$b \geqslant \sqrt{\frac{42\ 000}{1.4}} = 173.2 \text{ mm} \qquad h = 1.4b \geqslant 243 \text{ mm}$$

取 $b = 174$ mm，$h = 244$ mm。

本例的许用应力较低，这主要是考虑工作时有比较强烈的冲击作用。

例 6-6　一个三脚架如图 6-20（a），斜杆 AB 由两根 80 mm×80 mm×7 mm 等边角钢组成，横杆 AC 由两根 10 号槽钢组成，材料为 Q235 钢，许用应力 $[\sigma] = 120$ MPa，$\alpha = 30°$，求结构的许可载荷 F。

解　（1）确定各杆的内力。

围绕 A 点将 AB、AC 两杆截开取分离体，如图 6-20（b）所示，由平衡方程得

$$\sum F_y = 0 \quad F_{N1} = \frac{F}{\sin 30°} = 2F$$

$$\sum F_x = 0 \quad F_{N2} = F_{N1} \cos 30° = \sqrt{3}F$$

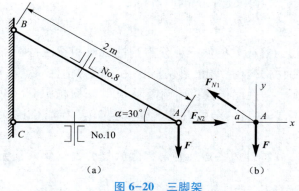

图 6-20　三脚架

（a）三脚架；（b）A 点的分离体受力图

（2）计算许可轴力 。

由型钢表查得斜杆 80 mm×80 mm×7 mm 等边角钢横截面面积 $A_1 = 10.86 \text{ cm}^2 \times 2 = 21.7 \text{ cm}^2$，横杆 10 号槽钢横截面面积 $A_2 = 12.74 \text{ cm}^2 \times 2 = 25.48 \text{ cm}^2$。

根据强度条件（式6-9）有

$$F_{N1} \leqslant A_1[\sigma] = 21.7 \times 10^{-4} \times 120 \times 10^6 = 260 \times 10^3 \text{ N} = 260 \text{ kN}$$

$$F_{N2} \leqslant A_2[\sigma] = 25.48 \times 10^{-4} \times 120 \times 10^6 = 306 \times 10^3 \text{ N} = 306 \text{ kN}$$

（3）计算结构的许可载荷。

由以上的计算结果，可得许可载荷为

$$F_1 = \frac{F_{N1}}{2} = 130 \text{ kN}$$

$$F_2 = \frac{F_{N2}}{\sqrt{3}} = 176.7 \text{ kN}$$

因此，为了保证结构能正常工作，其许可载荷必须取 F_1 和 F_2 中较小的一个，即

$$[F] = \min\{F_1, F_2\} = 130 \text{ kN}$$

即结构的许可载荷 $[F] = 130$ kN。

小　结

本章主要讨论了杆件在轴向拉伸（或压缩）变形下横截面上的内力计算、应力计算、变形分析和强度计算，介绍了材料在拉（压）时的力学性能和重要的力学性能指标。

（1）在载荷作用下，杆件会发生变形，从而产生相互作用的附加内力，简称内力。

计算杆件内力的方法是截面法，用一假想截面将杆件分为两部分，取其任一部分为研究对象，根据平衡条件利用外力求出内力。

（2）截面内某点的内力集度称为该点的应力。应力是一个矢量，垂直于截面的分量称为正应力 σ，切于截面的分量称为切应力 τ。根据平面假设，轴向拉伸（或压缩）变形形式

下横截面上的应力用 $\sigma = \dfrac{F_N}{A}$ 来计算。

（3）金属材料在常温、静荷载条件下可分为塑性材料和脆性材料。以低碳钢和铸铁作为典型，本章研究了这两种材料在常温、静荷载作用下的力学性质。通过低碳钢拉伸试验，可以测定出它的下述主要力学性能指标：比例极限 σ_p、屈服极限 σ_s 和强度极限 σ_b。延伸率 δ 和截面收缩率 Ψ，标志材料的塑性性能；弹性模量 E 和泊松比 μ，标志材料的弹性性能。

（4）线应变是用来度量构件内一点处变形程度的量。线应变 ε 是无量纲的量，应力和应变的关系是虎克定律 $\sigma = E\varepsilon$。杆件伸长或缩短量用 $\Delta l = \dfrac{F_N l}{EA}$ 计算。EA 值越大，杆件抵抗变形的能力就越强。虎克定律是材料力学中最基本、最重要的定律之一。

（5）轴向拉伸或压缩时的强度条件为 $\sigma = \dfrac{F_N}{A} \leqslant [\sigma]$，可解决工程中三方面的强度问题：

校核强度 $\sigma = \dfrac{F_N}{A} \leqslant [\sigma]$；设计截面 $A \geqslant \dfrac{F_N}{[\sigma]}$；确定承载能力 $F_N \leqslant [\sigma] A$。

思考题和习题

6-1　试辨别题 6-1 图杆件哪些属于轴向拉伸或压缩。

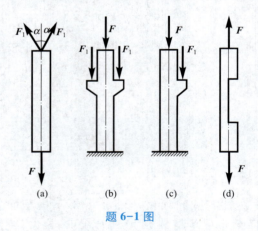

题 6-1 图

6-2　题 6-2 图示托架，若 AB 杆的材料选用铸铁，AC 杆的材料选用碳钢，分析这样选材是否合理？为什么？

6-3　题 6-3 图示 $\sigma—\varepsilon$ 曲线中的三种材料 1、2、3，指出：（1）哪种材料的强度高？（2）哪种材料的刚度大（在弹性范围内）？（3）哪种材料的塑性好？

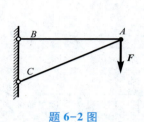

题 6-2 图

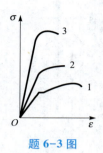

题 6-3 图

6-4 两杆材料不同，但其横截面面积 A、长度 l 及轴力均相同，试问两杆的应力是否相等？强度是否相同？绝对变形是否相同？

6-5 试求题 6-5 图示各杆指定截面的轴力，并画轴力图。

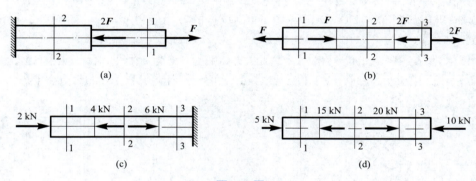

题 6-5 图

6-6 题 6-6 图示变截面直杆，已知 $A_1 = 800 \text{ mm}^2$，$A_2 = 400 \text{ mm}^2$，$E = 200 \text{ GPa}$，画出杆的轴力图，并求杆的总变形。

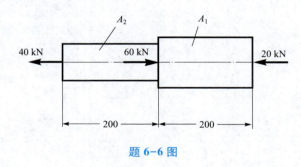

题 6-6 图

6-7 题 6-7 图所示吊环螺钉，其外径 $d = 48 \text{ mm}$，内径 $d_1 = 42.6 \text{ mm}$，吊重 $F = 50 \text{ kN}$，求螺钉横截面上的应力。

6-8 题 6-8 图所示液压缸盖与缸体采用 6 个螺栓连接，已知液压缸内径 $D = 350 \text{ mm}$，油压 $p = 1 \text{ MPa}$，若螺栓材料的许用应力 $[\sigma] = 40 \text{ MPa}$，求螺栓的内径。

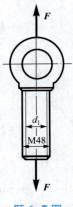

题 6-7 图

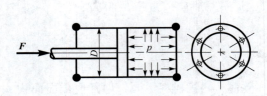

题 6-8 图

6-9　汽车离合器踏板如题 6-9 图所示。已知踏板受到的压力 $F_1 = 400$ N，拉杆 1 的直径 $D = 9$ mm，杠杆臂长 $L = 330$ mm，$l = 56$ mm，拉杆的许用应力 $[\sigma] = 50$ MPa，校核拉杆 BC 的强度。

6-10　在题 6-10 图示简易吊车中，BC 为钢杆，AB 为木杆。木杆 AB 的横截面面积 $A_1 = 100$ cm²，许用应力 $[\sigma]_1 = 7$ MPa；钢杆 BC 的横截面面积 $A_2 = 6$ cm²，许用应力 $[\sigma]_2 = 160$ MPa，试求许可吊重。

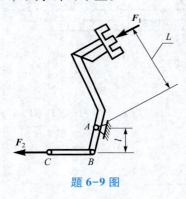

题 6-9 图

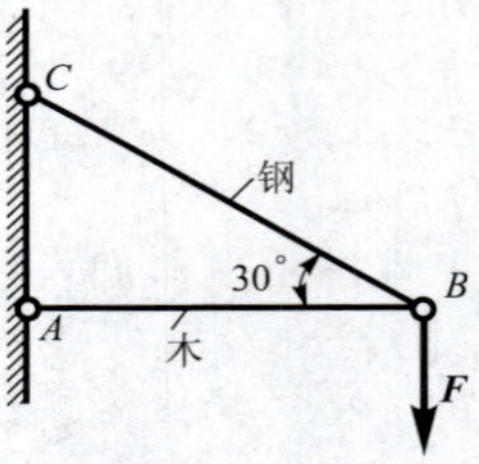

题 6-10 图

第 7 章
剪切和挤压

7.1 剪切和挤压的概念

7.1.1 剪切的概念

机械中有许多承受剪切的零件，如传递横向载荷的连接件铆钉、柱销、铰制孔用螺栓，以及键连接中的键等。图 7-1（a）所示为一铆钉连接及其铆钉的受力、变形情况。若钢板在横向载荷 F 的作用下发生横向错动，则铆钉的受力情况如图 7-1（b）所示，作用在铆钉上的这对力，与铆钉的轴线垂直，大小相等，方向相反，不作用在一条直线上，但相距极近。在这样的一对力的作用下，铆钉的 m—m 截面的相邻截面将出现相互的错动，如图 7-1（c）所示，这种变形称为剪切变形。发生相对错动的面称为剪切面，剪切面上与截面相切的内力称剪力，用 F_S 表示。只有一个剪切面的剪切变形称为单剪；有两个剪切面的剪切变形称为双剪，见图 7-2。

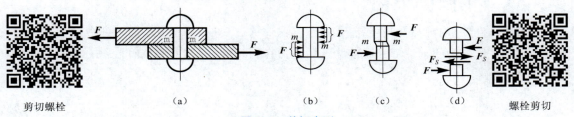

剪切螺栓   （a）   （b）   （c）   （d）   螺栓剪切

图 7-1　剪切变形

（a）铆钉连接；（b）铆钉受力情况；（c）剪切变形；（d）剪力

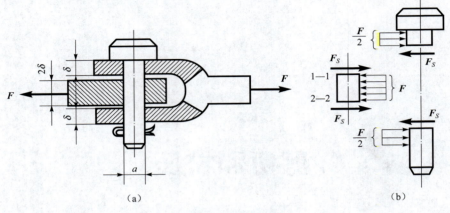

图 7-2　双剪
（a）销钉连接；（b）双剪

7.1.2　挤压的概念

连接件在发生剪切变形的同时，它在传递力的接触面上也受到较大的压力作用，从而出现局部压缩变形，这种现象称为挤压。发生挤压的接触面称为挤压面。挤压面上的压力称为挤压力，用 F_{bs} 表示。如铆钉在承受剪切作用的同时，钢板的孔壁和铆钉的圆柱表面间产生挤压作用。挤压时会使零件表面产生局部塑性变形，见图 7-3。工程机械上常用的平键经常发生挤压破坏。

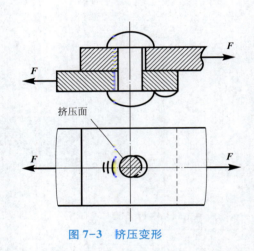

图 7-3　挤压变形

7.2　剪切和挤压的实用计算

7.2.1　剪切的实用计算

由于连接件发生剪切而使剪切面上产生了切应力 τ，切应力在剪切面上的分布情况一般比较复杂，工程中为便于计算，通常认为切应力在剪切面上是均匀分布的。由此得切应力 τ 的计算公式为

$$\tau = \frac{F_S}{A} \tag{7-1}$$

式中　F_S——剪切面上的剪力；

A——剪切面面积。

为保证连接件工作时安全可靠，要求切应力不超过材料的许用切应力。由此剪切的强度条件为

$$\tau = \frac{F_S}{A} \leqslant [\tau] \tag{7-2}$$

式中　$[\tau]$——材料的许用切应力。

7.2.2　挤压的实用计算

由挤压力引起的应力称为挤压应力，用 σ_{bs} 表示。挤压应力仅分布于接触表面附近的区域，其分布状况比较复杂，计算中通常认为挤压应力在计算挤压面上均匀分布。由此得挤压应力 σ_{bs} 的计算公式为

$$\sigma_{bs} = \frac{F_{bs}}{A_{bs}} \tag{7-3}$$

式中　F_{bs}——挤压面上的挤压力；

　　　A_{bs}——计算挤压面积。

当挤压面为平面时，计算挤压面积即为实际挤压面积；当挤压面为圆柱面时，计算挤压面积等于半圆柱面的正投影面积（见图7-4），即 $A_{bs} = d \cdot \delta$。

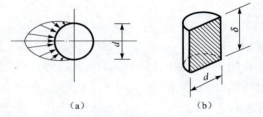

（a）　　　　　　　（b）

图 7-4　半圆柱挤压面

（a）挤压面为平面；（b）挤压面为圆柱面

为保证连接件工作时安全可靠，要求挤压应力不超过材料的许用挤压应力。由此挤压的强度条件为

$$\sigma_{bs} = \frac{F_{bs}}{A_{bs}} \leqslant [\sigma_{bs}] \tag{7-4}$$

式中　$[\sigma_{bs}]$——材料的许用挤压应力。

例 7-1　如图 7-5（a）所示为一齿轮（图中未画出）与轴通过平键连接。已知轴的直径 $d = 70$ mm，平键的尺寸为 $b \times h \times l = 20$ mm×12 mm×100 mm，传递的力矩 $M_e = 2$ kN·m，键的许用切应力$[\tau] = 60$ MPa，许用挤压应力$[\sigma_{bs}] = 100$ MPa，试校核该平键的强度。

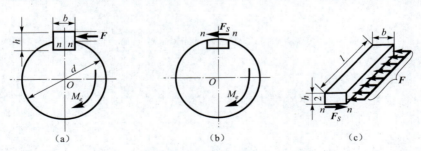

（a）　　　　　　　　（b）　　　　　　　　（c）

图 7-5　平键连接

（a）平键连接；（b）n—n 截面以下部分分析；（c）n—n 截面以上部分分析

解　（1）校核剪切强度。将平键沿图示 n—n 截面分成两部分，并把 n—n 截面以下部

分和轴作为一个整体来分析，如图7-5（b）所示，列平衡方程为

$$\sum M_O(F) = 0 \qquad F \times \frac{d}{2} - M_e = 0$$

得

$$F_S = F = \frac{2M_e}{d}$$

剪切面面积 $A = bl$ 代入式（7-2）得

$$\tau = \frac{2M_e}{bld} = \frac{2 \times 2 \times 10^3}{0.02 \times 0.1 \times 0.07} = 28.6 \times 10^6 \, \text{Pa} = 28.6 \, \text{MPa} < [\tau]$$

可见，该平键满足剪切强度。

（2）校核挤压强度。取键 n—n 截面以上部分研究，如图7-5（c）所示，键右侧面上的挤压力 $F_{bs} = F$，挤压面面积 $A_{bs} = \frac{hl}{2}$，代入式（7-4）得

$$\sigma_{bs} = \frac{4M_e}{hld} = \frac{4 \times 2 \times 10^3}{0.012 \times 0.1 \times 0.07} = 95.2 \times 10^6 \, \text{Pa} = 95.2 \, \text{MPa} < [\sigma_{bs}]$$

可见，该平键也满足挤压强度条件。

例7-2 两轴以凸缘联轴器相连接，如图7-6（a）所示，沿直径 $D = 150$ mm 的圆周上对称地分布着四个连接螺栓来传递力矩 M_e。已知 $M_e = 2\,500$ N·m，凸缘厚度 $h = 10$ mm，螺栓材料为 Q235 钢，许用切应力 $[\tau] = 80$ MPa，许用挤压应力 $[\sigma_{bs}] = 200$ MPa，试设计螺栓的直径。

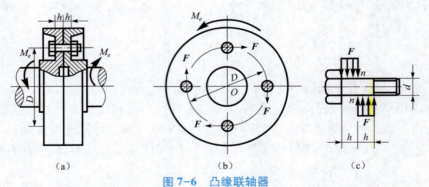

图7-6 凸缘联轴器

（a）两轴以凸缘联轴器相连接；（b）右边部分的平衡；（c）螺栓受力及尺寸

解（1）螺栓的受力分析。

因螺栓对称排列，故每个螺栓受力相同。假想沿凸缘接触面切开，考虑右边部分的平衡，见图7-6（b），列平衡方程：

$$\sum M_O(F) = 0 \qquad M_e - 4 \times F \times \frac{D}{2} = 0$$

得

$$F = \frac{M_e}{2D} = \frac{2\,500}{2 \times 150 \times 10^{-3}} = 8\,330 \, \text{N}$$

如图 7-6（c）螺栓剪切面 $n—n$ 的剪力 $F_S = F = 8\,330$ N，挤压力 $F_{bs} = F = 8\,330$ N。

（2）考虑剪切变形设计螺栓直径。

根据式（7-2）可得

$$\tau = \frac{F_S}{A} = \frac{8\,330}{\frac{\pi}{4}d^2} \leqslant 80 \times 10^6 \text{ Pa}$$

得

$$d \geqslant 11.5 \times 10^{-3} \text{ m}$$

（3）考虑挤压变形设计直径。

根据式（7-4）可得

$$\sigma_{bs} = \frac{F_{bs}}{A_{bs}} = \frac{8\,330}{hd} \leqslant 200 \times 10^6 \text{ Pa}$$

得

$$d \geqslant 4.17 \times 10^{-3} \text{ m}$$

所以螺栓直径应选取以上两者中较大的，即取 $d = 12$ mm。

例 7-3　为了使某压力机在超过最大压力 160 kN 时，重要机件不发生破坏，在压力机冲头内装有保险器如图 7-7（a）、（b）所示。它的材料采用 HT200 铸铁，其剪切强度极限 $\tau_b = 360$ MPa，试设计保险器尺寸 δ。

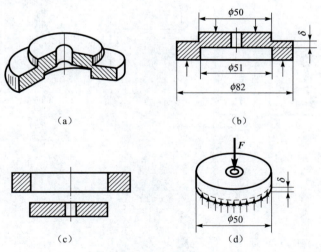

图 7-7　保险器

（a）压力机冲头保险器；（b）剖面图；（c）剪切破坏；（d）受力分析

解　压力超过 160 kN 时，保险器的圆环面 $\pi D\delta$ 就产生剪切破坏，如图 7-7（c）所示，破坏时的受力分析如图 7-7（d）。F 为最大压力的合力，则

$$F_{S\,max} = F = 160 \text{ kN}$$

$$A = \pi D\delta = 3.14 \times 50 \times 10^{-3}\delta = 15.7 \times 10^{-2}\delta \text{ m}^2$$

破坏时有

$$\tau = \frac{F_{S\,max}}{A} = \tau_b \qquad \tau = \frac{160 \times 10^3}{15.7 \times 10^{-2}\delta} = 360 \times 10^6 \ \text{Pa}$$

$$\delta = 28 \times 10^{-4} \ \text{m} = 2.8 \ \text{mm}$$

7.3　剪切虎克定律

7.3.1　切应变

构件发生剪切变形时，杆内与外力平行的截面就会产生相对错动。在构件受剪部位中的某点 K 取一微小的直角六面体，见图 7-8（a），将它放大，如图 7-8（b）所示。剪切变形时，截面发生相对滑动，致使直角六面体 $abcdefgh$ 变为平行六面体 $abcde'f'g'h'$，见图7-8（b）。线段 ee'（或 ff'）为平行于外力的面 $efgh$ 相对于 $abcd$ 面的滑移量，称为绝对剪切变形。若把单位长度上的相对滑动量称为相对剪切变形并以 γ 表示，则

$$\frac{ee'}{dx} = \tan \gamma \approx \gamma$$

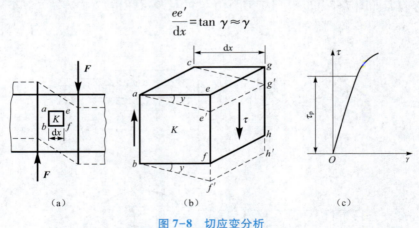

图 7-8　切应变分析

（a）构件内微元体；（b）放大后的微元体；（c）τ—γ 图

相对剪切变形也称为切应变。显然切应变 γ 是矩形直角的微小改变量，故用 rad 来度量。

7.3.2　剪切虎克定律

实验证明：当外力不超过某一限度时，绝对剪切变形与剪力 F_S（$F = F_S$）、截面间距 dx 成正比，而与杆的横截面面积 A 成反比，即

$$ee' \propto \frac{F_S dx}{A}$$

即
$$ee' = \frac{F_S \mathrm{d}x}{GA}$$

上式可改写为
$$\frac{ee'}{\mathrm{d}x} = \frac{1}{G}\frac{F_S}{A} \tag{7-5}$$

即
$$\tau = G\gamma$$

式（7-5）称为剪切虎克定律。即当切应力不超过材料的剪切比例极限 τ_p 时，切应力 τ 与切应变 γ 成正比，见 7-7（c）。式中 G 为材料的剪切弹性模量，是表示材料抵抗剪切变形能力的量。它的单位与应力相同。

可以证明，对于各向同性的材料，E、G 和 μ 三者之间存在以下关系：
$$G = \frac{E}{2(1+\mu)} \tag{7-6}$$

本章介绍了剪切变形和挤压变形的特点和强度计算，还介绍了剪切虎克定律。

（1）当构件受到大小相等、方向相反、作用线平行且相距很近的两外力作用时，两力之间的截面发生相对错动，这种变形称为剪切变形。工程中的连接件在承受剪切变形的同时，常常伴随着挤压的作用。挤压现象与压缩不同，它只是局部产生不均匀的压缩变形。

（2）工程实际中采用实用计算的方法来建立剪切强度条件和挤压强度条件，它们分别是

$$\tau = \frac{F_S}{A} \leqslant [\tau]$$

$$\sigma_{bs} = \frac{F_{bs}}{A_{bs}} \leqslant [\sigma_{bs}]$$

（3）确定连接件的剪切面和挤压面是进行强度计算的关键。剪切面与外力平行且位于这对平行外力之间。当挤压面为平面时，其计算面积等于实际面积；当挤压面为圆柱面时，其计算面积等于半圆柱面的正投影面积。

（4）剪切虎克定律：即当切应力不超过材料的剪切比例极限 τ_p 时，切应力 τ 与切应变 γ 成正比。表达式为 $\tau = G\gamma$。

思考题和习题

7-1　见题 7-1 图，一螺栓将拉杆与厚度为 8 mm 的两块盖板相连接，各零件材料相同，许用应力均为 $[\sigma] = 80$ MPa，$[\tau] = 60$ MPa，$[\sigma_{bs}] = 160$ MPa。若拉杆的厚度 $t = 15$ mm，拉

力 $F = 120$ kN，试设计螺栓直径 d 及拉杆宽度 b。

7-2　木榫接头如题 7-2 图，已知 $a = b = 250$ mm，$F = 50$ kN，木材的顺纹许用应力为 $[\tau] = 1$ MPa，$[\sigma_{bs}] = 10$ MPa，求接头处所需的尺寸 h 和 c。

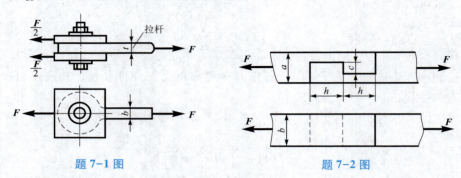

题 7-1 图　　　　题 7-2 图

7-3　题 7-3 图示零件和轴用 B 形平键连接，设轴径 $d = 75$ mm，平键的尺寸为 $b = 20$ mm，$h = 12$ mm，$l = 120$ mm，轴传递的扭矩 $T = 2$ kN·m，平键的材料的许用切应力和许用挤压应力分别为 $[\tau] = 80$ MPa、$[\sigma_{bs}] = 100$ MPa，试校核该平键的强度。

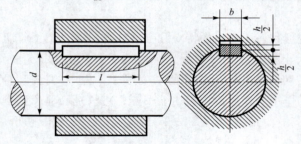

题 7-3 图

7-4　如题 7-4 图所示，已知钢板厚度 $t = 10$ mm，其剪切极限应力为 $\tau_{bP} = 300$ MPa。若用冲床将钢板冲出直径 $d = 25$ mm 的孔，问需要多大的冲剪力。

7-5　一带肩杆件如题 7-5 图，若杆件材料的 $[\sigma] = 160$ MPa，$[\tau] = 100$ MPa，$[\sigma_{bs}] = 320$ MPa，试求杆件的许可载荷。

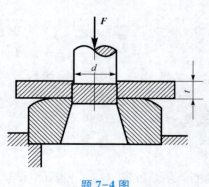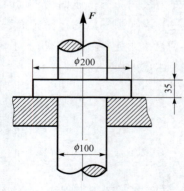

题 7-4 图　　　　题 7-5 图

98

7-6　如题 7-6 图示螺钉在拉力 F 作用下，已知材料的许用切应力 $[\tau]$ 和许用拉伸应力 $[\sigma]$ 之间的关系约为 $[\tau]=0.6[\sigma]$，试求螺钉直径 d 与钉头高度 h 的合理比值。

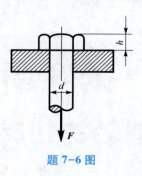

题 7-6 图

第 8 章

圆轴的扭转

8.1　圆轴扭转的概念

　　工程中许多杆件承受扭转变形。例如，当钳工攻螺纹孔时，两手所加的外力偶作用在丝锥的上端，工件的反力偶作用在丝锥的下端，使丝锥杆发生扭转变形，如图 8-1 所示。图 8-2 所示的方向盘的操纵杆也是扭转变形的实例。从这两个实例中可以看出，**杆件扭转的受力特点是：杆件承受作用面与杆轴线垂直的力偶作用。其变形特点是：杆件的各横截面绕杆轴线发生相对转动，杆轴线始终保持直线。这种变形称为扭转变形。**

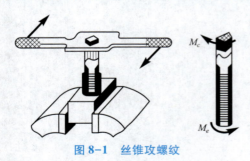

图 8-1　丝锥攻螺纹

图 8-2　方向盘操纵杆

　　工程实际中，有很多构件如车床的光杆、搅拌机轴和汽车传动轴等，都是受扭构件。还有一些轴类零件，如电动机主轴、水轮机主轴和机床主轴等，除扭转变形外还有弯曲变形，属于组合变形。工程中把以扭转变形为主的杆件称为轴，本章只研究圆形截面的轴。

8.2　扭矩与扭矩图

8.2.1　外力偶矩的计算

工程中通常给出传动轴的转速 n 及其所传递的功率 P，而作用于轴上的外力偶矩并不直接给出。外力偶矩的计算公式为

$$M_e = 9\ 549\ \frac{P}{n} \qquad (\text{N} \cdot \text{m}) \qquad (8-1)$$

式中　M_e——外力偶矩，N·m；

$\qquad$ P——轴传递的功率，kW；

$\qquad$ n——轴的转速，r/min。

输入力偶矩为主动力偶矩，其转向与轴的转向相同；输出力偶矩为阻力偶矩，其转向与轴的转向相反。

8.2.2　扭矩与扭矩图

如图 8-3 所示等截面圆轴两端面上作用有一对平衡外力偶 M_e。现用截面法求圆轴横截面上的内力。将轴从 m—m 横截面处截开，以左段为研究对象，根据平衡条件 $\sum M = 0$，m—m 横截面上必有一个内力偶与端面上的外力偶 M_e 平衡。该内力偶称为扭矩，用 T 表示，单位为 N·m。若取右段为研究对象，求得的扭矩与以左段为研究对象求得的扭矩大小相等、转向相反。为了使不论取左段或右段求得的扭矩的大小、符号都一致，对扭矩的正负号规定如下：按右手螺旋法则，四指顺着扭矩的转向握住轴线，大拇指的指向与横截面的外法线 n 方向一致为正；反之为负，如图 8-4 所示。当横截面上的扭矩的实际转向未知时，一般先假设扭矩为正。若求得结果为正则表示扭矩实际转向与假设相同；若求得结果为负则表示扭矩实际转向与假设相反。

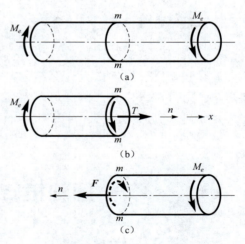

图 8-3　扭矩的求解

（a）等截面圆轴受扭转；

（b）m—m 截面左端受力；

（c）m—m 截面右端受力

为了清楚地表示各横截面上的扭矩沿轴线的变化规律，以便分析危险截面，以纵坐标 T 轴表示扭矩的大小，以横坐标 x 表示横截面的位置，绘制的图形称为扭矩图。

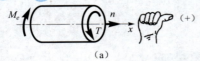

图 8-4　扭矩的正负规定

（a）与 n 方向一致；（b）与 n 方向相反

M_A 为主动力偶矩，其转向与主轴相同；M_B、M_C 为阻力偶矩，其转向与主轴相反。

（2）计算扭矩。将轴分成 AB、BC 两段，逐段计算扭矩：

对 AB 段，见图 8-5（b），有

$$\sum M_x = 0 \qquad T_1 + M_A = 0$$

可得

$$T_1 = -M_A = -274 \text{ N} \cdot \text{m}$$

对 BC 段，见图 8-5（c），有

$$\sum M_x = 0 \qquad T_2 + M_A - M_B = 0$$

可得

$$T_2 = -M_A + M_B = -75 \text{ N} \cdot \text{m}$$

（3）画扭矩图。根据以上计算结果，按比例画出扭矩图，见图 8-5（d）。由图可以看出，最大扭矩发生在 AB 段内，其值为 $T_{\max} = 274 \text{ N} \cdot \text{m}$。

例 8-1　如图 8-5（a）所示，一传动系统的主轴 ABC 的转速 $n = 960$ r/min，输入功率 $P_A = 27.5$ kW，输出功率 $P_B = 20$ kW，$P_C = 7.5$ kW，试画出主轴 ABC 的扭矩图。

解　（1）计算外力偶矩。由式（8-1）得

$$M_A = \left(9\,549 \times \frac{27.5}{960} \right) = 274 \text{ N} \cdot \text{m}$$

同理可得　$M_B = 199 \text{ N} \cdot \text{m}$，$M_C = 75 \text{ N} \cdot \text{m}$

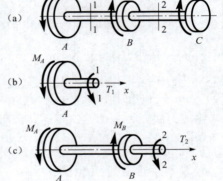

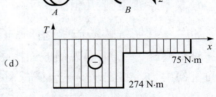

图 8-5　画主轴的扭矩图

（a）主轴 ABC；（b）1—1 截面扭转；
（c）2—2 截面扭转；（d）扭矩图

8.3　圆轴扭转时的应力与强度计算

8.3.1　圆轴扭转时横截面上的应力

为了确定圆轴受扭时的应力，首先分析圆轴受扭时的变形，找出其应力分布规律，以便确定出应力。

图 8-6（a）所示为一圆轴，受扭前在其表面上用圆周线和平行于轴线的纵向线画出方格。扭转试验结果显示，各圆周线的形状、大小、间距保持不变，仅绕轴线作相对转动；纵向线倾斜了一个相同的角度 γ，仍保持直线。原来的矩形变形平行四边形，端面的半径转过了 φ 角度，见图 8-6（b）。

分析观察到的现象，可认为平面假设依然成立：圆轴的横截面变形前为平面，变形后仍为平面，其大小和形状不变。由此导出横截面上沿半径方向无切应力作用。又相邻横截面的间距不变，故横截面上无正应力。但由于相邻横截面发生绕轴线的相对转动，纵向线倾斜了同一角度 γ，因此横截面上必然有垂直于半径方向的切应力存在。

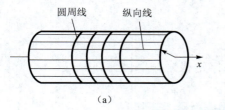
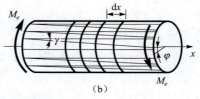

图 8-6 圆轴的扭转变形

（a）圆轴；（b）扭转 φ 角的圆轴

扭转变形

在圆轴上截取长为 $\mathrm{d}x$ 的微段，放大后如图 8-7 所示，横截面 2—2 相对于 1—1 转过了一个角度 $\mathrm{d}\varphi$，半径 O_2B 转至 O_2C 处。由图 8-7 可看出横截面上任一点的切应变 γ_ρ 与该点到轴线的距离 ρ 成正比，即

$$\gamma_\rho \approx \tan \gamma_\rho = \rho \frac{\mathrm{d}\varphi}{\mathrm{d}x}$$

按照剪切虎克定律 $\tau = G\gamma$，则有

$$\tau_\rho = G\gamma_\rho = G\rho \frac{\mathrm{d}\varphi}{\mathrm{d}x}$$

上式表明横截面上任一点切应力 τ_ρ 与该点到轴线的距离 ρ 成正比，其方向垂直于半径。实心圆轴与空心圆轴横截面切应力分布如图 8-8 所示。

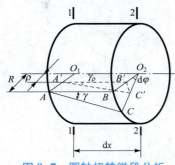
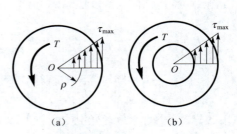

图 8-7 圆轴扭转微段分析

图 8-8 应力分布

（a）实心圆轴；（b）空心圆轴

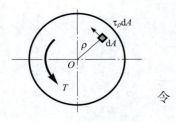

图 8-9 静力学关系

为了求出单位长度转角 $\dfrac{\mathrm{d}\varphi}{\mathrm{d}x}$，应用静力学关系（见图 8-9）可得

$$T = \int_A \tau_\rho \mathrm{d}A \cdot \rho = G \frac{\mathrm{d}\varphi}{\mathrm{d}x} \int_A \rho^2 \mathrm{d}A$$

令

$$I_p = \int_A \rho^2 \mathrm{d}A$$

则
$$\frac{\mathrm{d}\varphi}{\mathrm{d}x} = \frac{T}{GI_p}$$

由以上推导可得圆轴扭转时横截面上切应力的计算公式为

$$\tau_\rho = \frac{T}{I_p}\rho \qquad\qquad (8-2)$$

式中　T——横截面上的扭矩，$N \cdot m$；

　　　　ρ——点到圆心的距离，m；

　　　　I_p——横截面对圆心 O 的极惯性矩，也称为截面的二次极矩，单位为 m^4，它只与横截面的几何尺寸有关。

当 $\rho = R$ 时，切应力最大，即圆轴横截面上边缘点的切应力最大。其值为

$$\tau_{\max} = \frac{TR}{I_p}$$

令 $W_p = \dfrac{I_p}{R}$，则上式变为

$$\tau_{\max} = \frac{T}{W_p} \qquad\qquad (8-3)$$

式中　W_p——扭转截面系数，m^3。

8.3.2　圆截面二次极矩 I_p 及扭转截面系数 W_p 的计算

实心圆截面如图 8-10（a）所示，其 I_p 和 W_p 为

$$I_p = \int \rho^2 \mathrm{d}A = \frac{\pi D^4}{32} \qquad W_p = \frac{I_p}{d/2} = \frac{\pi D^3}{16}$$

同理可求得如图 8-10（b）所示的空心圆截面的 I_p 和 W_p 为

$$I_p = \frac{\pi D^4(1-\alpha^4)}{32} \qquad W_p = \frac{\pi D^3(1-\alpha^4)}{16}$$

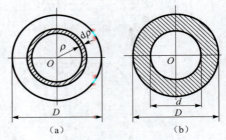

图 8-10　圆形横截面
（a）实心圆；（b）空心圆

式中　D，d——分别为各截面的直径，$\alpha = \dfrac{d}{D}$。

8.3.3　圆轴扭转时的强度计算

圆轴扭转时的强度条件为整个圆轴横截面上的最大切应力 $\tau_{\max}$ 不超过材料的许用应力 $[\tau]$，即

$$\tau_{\max} = \frac{T}{W_p} \leqslant [\tau] \qquad\qquad (8-4)$$

例 8-2　阶梯圆轴 ABC 的直径如图 8-11（a）所示，轴的材料的许用切应力 $[\tau] = 60\ MPa$，力偶矩 $M_1 = 5\ kN \cdot m$，$M_2 = 3.2\ kN \cdot m$，$M_3 = 1.8\ kN \cdot m$，试校核该轴的强度。

解　阶梯圆轴的扭矩图如图 8-11（b）所示。因 AB 段、BC 段的扭矩、直径各不相同，

整个轴的最大应力所在横截面即危险截面的位置无法确定，故分别校核。

（1）校核 *AB* 段的强度。

AB 段的最大切应力为

$$\tau_{max} = \frac{T_{AB}}{W_p^{AB}} = \frac{5 \times 10^3}{\pi \times (0.08)^3/16} =$$

$$49.7 \times 10^6 \text{ Pa} = 49.7 \text{ MPa} < [\tau]$$

故 *AB* 段的强度是安全的。

（2）校核 *BC* 段的强度。

BC 段的最大切应力为

$$\tau_{max} = \frac{T_{BC}}{W_p^{BC}} = \frac{1.8 \times 10^3}{\pi \times (0.05)^3/16}$$

$$= 73.4 \times 10^6 \text{ Pa} = 73.4 \text{ MPa} > [\tau]$$

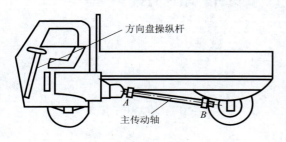

图 8-11　阶梯圆轴 *ABC*

（a）阶梯圆轴；（b）阶梯圆轴扭矩图

故 *BC* 段的强度不够。

综上所述，阶梯轴的强度不够。

例 8-3　已知某汽车主传动轴 *AB*（见图 8-12）受外力偶矩 $M_e = 2$ kN·m，材料为 45 号钢，许用切应力 $[\tau] = 60$ MPa。

（1）试设计实心圆轴的直径 D_1；

（2）若该轴改为 $\alpha = d/D = 0.8$ 的空心圆轴，试设计空心圆轴的内径 d_2 和外径 D_2。

解　（1）扭矩 $T = m = 2$ kN·m，根据式（8-4）得实心圆截面直径为

图 8-12　汽车主传动轴

$$D_1 \geqslant \sqrt[3]{\frac{16T}{\pi[\tau]}} = \sqrt[3]{\frac{16 \times 2 \times 10^3}{\pi \times 60 \times 10^6}} = 55.4 \times 10^{-3} \text{ m} = 55.4 \text{ mm}$$

（2）若改为 $\alpha = 0.8$ 的空心圆轴，根据式（8-4）设计外径为

$$D_2 \geqslant \sqrt[3]{\frac{16T}{\pi(1-\alpha^4)[\tau]}} = \sqrt[3]{\frac{16 \times 2 \times 10^3}{\pi(1-0.8^4) \times 60 \times 10^6}} = 66 \times 10^{-3} \text{ m} = 66 \text{ mm}$$

内径 $d_2 = 0.8 \times D_2 = 0.8 \times 66.0 = 52.8$ mm。

（3）比较二者面积。

空心轴的横截面面积：

$$A_2 = \frac{\pi D_2^2}{4}(1-\alpha^2) = \frac{\pi 66.0^2}{4}(1-0.8^2) = 1\ 231.6 \text{ mm}^2$$

实心轴的横截面面积：

$$A_1 = \frac{\pi D_1^2}{4} = \frac{\pi 55.4^2}{4} = 2\ 410.5 \text{ mm}^2$$

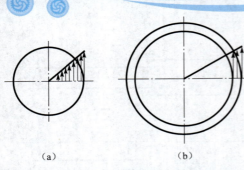

（a）　　　　　（b）

图 8-13　实心轴和空心轴的应力分布
（a）实心轴；（b）空心轴

$$\frac{A_2}{A_1} = \frac{1\ 231.6}{2\ 410.5} = 0.51$$

由以上计算结果可知，在扭转强度相同的情况下，空心轴的质量轻只为实心轴的 51%，节省材料。这是因为横截面上的切应力沿半径按线性分布，如图 8-13（a）、（b），圆心附近的应力很小，材料没有充分发挥作用。若把轴心附近的材料向边缘移置，使其成为空心轴，就会增大 I_P 和 W_P，提高轴的强度。

8.4　圆轴扭转时的变形与刚度计算

8.4.1　圆轴扭转时的变形计算

扭转变形用两个横截面的相对扭转角 φ 来表示（见图 8-14），由上节可得

$$\mathrm{d}\varphi = \frac{T}{GI_p}\mathrm{d}x$$

对于长度为 l、扭矩 T 不随长度变化的等截面圆轴，则有

$$\varphi = \frac{Tl}{GI_p} \tag{8-5}$$

对于阶梯状圆轴以及扭矩分段变化的等截面圆轴，须分段计算相对转角，然后求代数和。

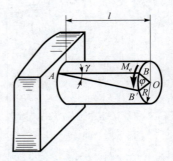

图 8-14　扭转变形

8.4.2　圆轴扭转时的刚度计算

圆轴扭转时除了强度要求外，还有刚度要求，即要求轴在一定的长度内扭转角不超过某个值。而圆轴扭转变形的程度，常以单位长度扭转角 θ 度量。因此，圆轴扭转时的刚度条件是整个轴上的最大单位长度扭转角 $\theta_{\max}$ 不超过其许用扭转角 $[\theta]$，即

$$\theta_{\max} = \frac{T}{GI_p} \leqslant [\theta] \tag{8-6}$$

式中，单位长度扭转角 θ 和许用扭转角 $[\theta]$ 的单位为 rad/m。

工程上，许用扭转角 $[\theta]$ 的单位为（°）/m，考虑单位换算，则得

$$\theta_{\max} = \frac{T}{GI_p} \times \frac{180}{\pi} \leqslant [\theta] \tag{8-7}$$

不同类型的轴的许用扭转角 $[\theta]$ 的值可从有关工程手册中查得。

例 8-4　等截面传动轴如图 8-15（a）所示。已知该轴转速 $n = 300$ r/min，主动轮输入功率 $P_C = 30$ kW，从动轮输出功率 $P_A = 5$ kW，$P_B = 10$ kW，$P_D = 15$ kW，材料的切变模量 $G = 80$ GPa，许用切应力 $[\tau] = 40$ MPa，许用扭转角 $[\theta] = 1°/$m，试按强度条件及刚度条件设计此轴的直径。

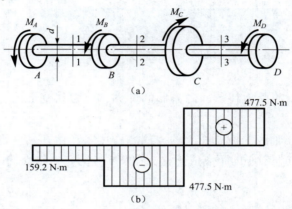

图 8-15　等截面传动轴

（a）等截面传动轴；（b）扭矩图

解　（1）计算外力偶矩。

由公式（8-1）可分别求出外力偶矩为

$$M_A = 9\ 549\ \frac{P_A}{n} = 9\ 549\ \frac{5}{300} = 159.\ 2\ \text{N} \cdot \text{m}$$

$$M_B = 318.\ 3\ \text{N} \cdot \text{m}$$

$$M_C = 955\ \text{N} \cdot \text{m}$$

$$M_D = 477.\ 5\ \text{N} \cdot \text{m}$$

（2）画扭矩图。

计算各段扭矩得

$$T_{AB} = -159.\ 2\ \text{N} \cdot \text{m}$$

$$T_{BC} = -477.\ 5\ \text{N} \cdot \text{m}$$

$$T_{CD} = 477.\ 5\ \text{N} \cdot \text{m}$$

扭矩图如图 8-15（b）所示。由扭矩图可知，$T_{\max} = 477.\ 5$ N·m，发生在 BC 和 CD 段。

（3）按强度条件设计轴的直径。

根据式（8-4）及 $W_p = \dfrac{\pi d^3}{16}$ 得

$$d \geqslant \sqrt[3]{\frac{16T_{\max}}{\pi\ [\tau]}} = \sqrt[3]{\frac{16 \times 477.\ 5}{\pi \times 40 \times 10^6}} = 139.\ 3 \times 10^{-3}\ \text{m} = 39.\ 3\ \text{mm}$$

（4）按刚度条件设计轴的直径。

根据式（8-7）及 $I_p = \dfrac{\pi d^4}{32}$ 得

$$d \geqslant \sqrt[4]{\dfrac{T_{max} \times 32 \times 180}{G\pi^2 \,[\theta]}} = \sqrt[4]{\dfrac{477.5 \times 32 \times 180}{80 \times 10^9 \times \pi^2 \times 1}} = 43.2 \times 10^{-3} \text{ m} = 43.2 \text{ mm}$$

综上所述，圆轴须同时满足强度和刚度条件，则取 $d = 44$ mm。

本章介绍了扭转变形的受力特点、内力偶的计算、应力和变形的计算、强度和刚度的计算。

（1）圆轴受到垂直于轴线的横截面上的力偶系作用时产生扭转变形。扭转圆轴横截面上任一点的切应力与该点到圆心的距离成正比，在圆心处为零。最大切应力发生在圆周边缘各点处。其计算公式为

$$\tau_{max} = \dfrac{TR}{I_p} \qquad \tau_{max} = \dfrac{T}{W_p}$$

（2）圆轴扭转时的强度条件为：

$$\tau_{max} = \dfrac{T}{W_p} \leqslant \,[\tau]$$

利用强度条件可以完成强度校核、确定截面尺寸和许用载荷等三类强度计算问题。

（3）圆轴扭转时的变形计算公式为：

$$\varphi = \dfrac{Tl}{GI_p}$$

圆轴扭转时的刚度条件为：

$$\theta_{max} = \dfrac{T}{GI_p} \times \dfrac{180}{\pi} \leqslant \,[\theta]$$

思考题和习题

8-1 若两轴上的外力偶矩及各段轴长相等，而截面尺寸不同，其扭矩图相同吗？

8-2 试指出题 8-2 图中所示各杆哪些发生扭转变形？

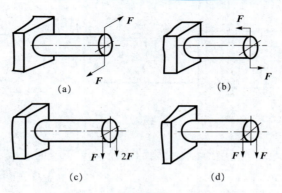

(a)   (b)

(c)   (d)

题 8—2 图

8-3　判断题 8-3 图所示切应力分布图，哪些是正确的？哪些是错误的？

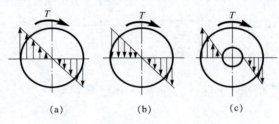

(a)   (b)   (c)

题 8—3 图

8-4　试画出题 8-4 图示两轴的扭矩图。

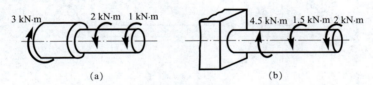

(a)   (b)

题 8—4 图

8-5　题 8-5 图示一传动轴，转速 $n = 200$ r/min，轮 A 为主动轮，输入功率 $P_A = 60$ kW，轮 B、C、D 均为从动轮，输出功率 $P_B = 20$ kW，$P_C = 15$ kW，$P_D = 25$ kW。

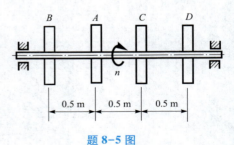

题 8—5 图

（1）试画出该轴的扭矩图；

（2）若将轮 A 和轮 C 位置对调，试分析对轴的受力是否有利？

8-6　圆轴受外力偶作用和尺寸如题 8-6 图所示。

（1）试求截面 1—1 上离圆心距离 20 mm 处各点的切应力，并画出图示 a、b 两点切应力的方向；

（2）试求截面 1—1 的最大切应力；

（3）试求轴 AB 的最大切应力。

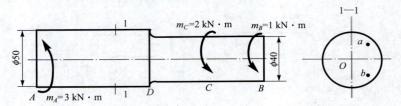

题 8-6 图

8-7　阶梯轴 AB 如题 8-7 图所示，AC 段的直径 $d_1 = 40$ mm，CB 段的直径 $d_2 = 70$ mm，外力偶矩 $M_B = 1\,500$ N·m，$M_A = 600$ N·m，$M_C = 900$ N·m，$G = 80$ GPa，$[\tau] = 60$ MPa，$[\theta] = 2°/m$，试校核轴的强度和刚度。

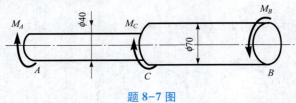

题 8-7 图

8-8　题 8-8 图示圆轴 AB 受到外力偶矩作用，$M_{e1} = 800$ N·m，$M_{e2} = 1\,200$ N·m，$M_{e3} = 400$ N·m，$l_2 = 2l_1 = 600$ mm，$G = 80$ GPa，$[\tau] = 50$ MPa，$[\theta] = 0.25°/m$，试设计轴的直径。

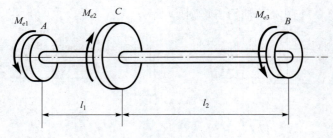

题 8-8 图

8-9　题 8-9 图所示绞车由两人操作，每人加在手柄的力 $F = 250$ N。已知 AB 轴的许用切应力 $[\tau] = 40$ MPa，按扭转强度设计 AB 轴的直径 d。

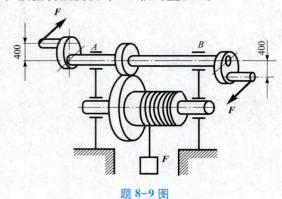

题 8-9 图

8-10　题 8-10 所示传动轴的直径 d = 40 mm，许用切应力 $[\tau]$ = 60 MPa，许用扭转角 $[\theta]$ = 0.5°/m，G = 80 GPa，功率由 B 轮输入，A 轮输出 $\frac{2}{3}P$，C 轮输出 $\frac{1}{3}P$，传动轴转速 n = 500 r/min，计算 B 轮输入的功率 P。

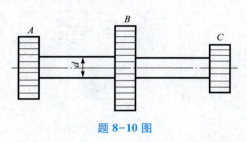

题 8-10 图

第 9 章

弯 曲

9.1 弯曲的概念与梁的简化

弯曲例子

9.1.1 弯曲的概念与工程实例

弯曲是工程实际中常见的一种基本变形，如行车大梁（见图 9-1）、火车轮轴（见图 9-2）等的变形都是弯曲的实例。这些构件的共同受力和变形特点是：在通过杆轴线的某个平面内，受到力偶或垂直于轴线的外力（即横向力）作用，杆的轴线由直线变成曲线。杆件的这种以轴线变弯为主要特征的变形称为弯曲。在外力作用下，以弯曲为主要变形的杆件称为梁。

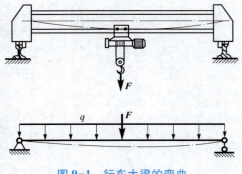

图 9-1　行车大梁的弯曲

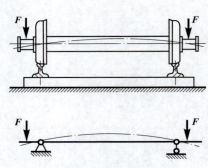

图 9-2　火车轮轴的弯曲

112

本章主要研究比较简单的直梁平面弯曲问题，即梁的横截面具有对称轴、所有横截面对称轴组成的纵向对称平面。在工程实际中，常见的梁一般都有纵向对称面（见图9-3）。当作用于梁上的所有外力均垂直于梁轴线并都位于梁的纵向对称平面内时，梁的轴线在纵向对称平面内被弯成一条光滑连续的平面曲线，这种弯曲变形称为平面弯曲（见图9-4）。平面弯曲是弯曲问题中最常见、最基本的一种。

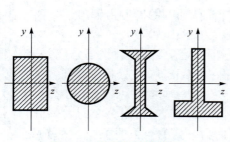

图 9-3　常见梁的横截面

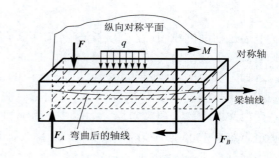

图 9-4　平面弯曲

9.1.2　梁的简化及分类

为了方便对梁进行分析和计算，通常对梁进行简化，即用梁的轴线来代表梁，并将梁的载荷和支座做一些简化，得出梁的力学模型计算简图。

作用于梁上的外力，包括载荷和支座反力，可以简化为集中力、分布载荷和集中力偶三种形式。当载荷的作用范围较小时，简化为集中力；若载荷连续作用于梁上，则简化为分布载荷。沿梁轴线单位长度上所受的力称为载荷集度，以 q（N/m）表示（见图9-4）。集中力偶可理解为力偶的两力分布在很短的一段梁上。

根据梁的支座性质与位置的不同，支座可简化为静力学中的三种形式：活动铰支座、固定铰支座和固定端支座，因而简单的梁有三种类型：

（1）简支梁：一端是活动铰支座、另一端为固定铰支座的梁（见图9-5）。

（2）外伸梁：一端或两端伸出支座之外的简支梁（见图9-6）。

（3）悬臂梁：一端为固定端支座、另一端自由的梁（见图9-7）。

图 9-5　简支梁　　　　　　图 9-6　外伸梁　　　　　　图 9-7　悬臂梁

上述三种类型的梁在承受载荷后，其支座反力均可由静力平衡方程完全确定，这些梁称为静定梁。如梁的支座反力的数目大于静力平衡方程的数目，应用静力平衡方程无法确定全部支座反力，这种梁称为超静定梁（见图9-8）。在这里，主要讨论静定梁。

（a）　　　　　　　　　　　　（b）

图 9-8　超静定梁

（a）超静定简支梁；（b）超静空悬臂梁

9.2 弯曲梁横截面上的内力——剪力和弯矩

通过前面的学习已经知道，轴向拉（压）时，杆横截面上的内力为轴力；圆轴扭转时，其横截面上的内力为扭矩。下面分析弯曲时，梁横截面上的内力。

如图9—9（a）所示简支梁，其上作用的载荷已知，根据梁的静力平衡条件，求出梁在载荷作用下的支座反力 F_A 和 F_B。采用截面法，假想在横截面1—1处将梁截开，梁分成左、右两段。取左段为研究对象，如图9—9（b）所示，由左段平衡条件可知，在横截面1—1上必定有维持左段梁平衡的横向力 F_S 以及力偶 M。F_S 是横截面上切向分布内力分量的合力，称为横截面1—1上的剪力。M 是横截面上法向分布内力分量的合力偶矩，称为横截面1—1上的弯矩。可知弯曲时，梁横截面上的内力为剪力和弯矩。

对左段列平衡方程有

$$\sum F_y = 0 \qquad F_A - F_1 - F_S = 0$$

得

$$F_S = F_A - F_1$$

再以截面形心 C 为矩心，平衡方程为

$$\sum M_C = 0 \qquad -F_A x + F_1(x-a) + M = 0$$

得

$$M = F_A x - F_1(x-a)$$

如取右段为研究对象，同样可以求得横截面1—1上的内力 F_S 和 M，两者数值相等，但方向与由左段求得的相反，如图9—9（c）所示。

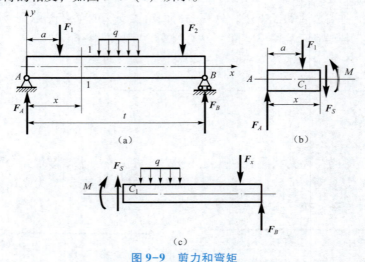

图9-9 剪力和弯矩
（a）简支梁；（b）左段受力图；（c）右段受力图

为使取左段和取右段求得的同一截面上的剪力和弯矩不但在数值上相等，而且符号也相同，对剪力和弯矩的符号作如下规定：使微段梁产生左侧截面向上、右侧截面向下相对错动的剪力为正，如图 9-10（a），反之为负，如图 9-10（b）；使微段梁产生上凹下凸弯曲变形的弯矩为正，如图 9-11（a），反之为负，如图 9-11（b）。

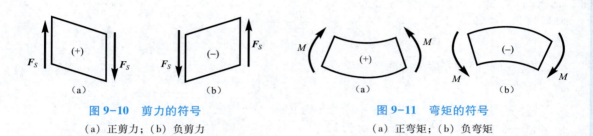

图 9-10　剪力的符号
（a）正剪力；（b）负剪力

图 9-11　弯矩的符号
（a）正弯矩；（b）负弯矩

总结上面的例题中对剪力和弯矩的计算，可以得出剪力和弯矩的简便算法。

横截面上的剪力在数值上等于该截面左段（或右段）梁上所有外力的代数和，即

$$F_S = \sum F \tag{9-1}$$

弯矩正负

取代数和时，截面左段梁上向上作用的横向外力或右段梁上向下作用的横向外力为正，反之为负。

横截面上的弯矩在数值上等于该截面左段（或右段）梁上所有外力对该截面形心 C 的力矩的代数和，即

$$M = \sum M_C \tag{9-2}$$

取代数和时，截面左段梁上的横向外力（或外力偶）对截面形心的力矩为顺时针转向或截面右段梁上的横向外力（或外力偶）对截面形心的力矩为逆时针转向时在该截面上产生的弯矩为正，反之为负。上述结论可归纳为一个简单的口诀，"左上右下，剪力为正；左顺右逆，弯矩为正"。

这样，计算梁某横截面上的剪力和弯矩时，不需要再画分离体受力图、列平衡方程，而直接根据该截面左段或右段上的外力按式（9-1）和式（9-2）进行计算。

例 9-1　简支梁受载荷如图 9-12 所示，试求图中各指定截面的剪力和弯矩。截面 1—1、2—2 表示集中力 F 作用处的左、右侧截面（即截面 1—1、2—2 间的间距趋于无穷小），截面 3—3、4—4 表示集中力偶 M_e 作用处的左、右侧截面。

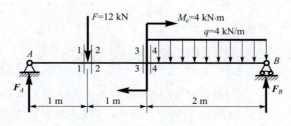

图 9-12　梁的结构、尺寸和受力

115

解 （1）求支座反力。

设 F_A、F_B 方向向上，由平衡方程 $\sum M_A = 0$ 及 $\sum M_B = 0$ 求得

$$F_A = 10 \text{ kN} \qquad F_B = 10 \text{ kN}$$

（2）求指定截面的剪力和弯矩。

取 1—1 截面的左段梁为研究对象，得

$$F_{S1} = F_A = 10 \text{ kN}$$
$$M_1 = F_A \times 1 = 10 \times 1 = 10 \text{ kN} \cdot \text{m}$$

取 2—2 截面的左段梁为研究对象，得

$$F_{S2} = F_A - F = 10 - 12 = -2 \text{ kN}$$
$$M_2 = F_A \times 1 - F \times 0 = 10 \times 1 - 0 = 10 \text{ kN} \cdot \text{m}$$

取 3—3 截面的右段梁为研究对象，得

$$F_{S3} = q \times 2 - F_B = 4 \times 2 - 10 = -2 \text{ kN}$$
$$M_3 = -M_2 - q \times 2 \times 1 + F_B \times 2$$
$$= -4 - 4 \times 2 \times 1 + 10 \times 2 = 8 \text{ kN} \cdot \text{m}$$

取 4—4 截面的右段梁为研究对象，得

$$F_{S4} = q \times 2 - F_B = 4 \times 2 - 10 = -2 \text{ kN}$$
$$M_4 = q \times 2 \times 1 + F_B \times 2$$
$$= -4 \times 2 \times 1 + 10 \times 2 = 12 \text{ kN} \cdot \text{m}$$

比较 1—1 截面和 2—2 截面的剪力值，可以看出，集中力 F 作用处的两侧截面上的剪力发生突变，突变值即为集中力的数值；同样，比较 3—3 截面和 4—4 截面，可以得出在集中力偶 M_e 作用处的两侧截面上，弯矩值发生突变，突变值即为集中力偶矩 M_e 的数值。

9.3　剪力图与弯矩图

9.3.1　剪力方程和弯矩方程

一般情况下，梁横截面上的剪力和弯矩随截面位置的不同而发生变化。若以坐标 x 表示横截面的位置，则梁横截面上的剪力和弯矩都可以表示为 x 的函数，即

$$F_S = F_S(x)$$
$$M = M(x)$$

以上两式是梁横截面上的剪力和弯矩沿梁长度方向变化的表达式，称为梁的剪力方程和弯矩方程。

建立剪力方程和弯矩方程，实际上就是用截面法求出坐标为 x 的截面上的剪力和弯矩。在列剪力方程和弯矩方程时，应根据梁上载荷的分布情况分段进行，分界点为集中力（包括支座反力）、集中力偶的作用点和分布载荷的起点、终点。

9.3.2 剪力图与弯矩图

根据梁的剪力方程 $F_S = F_S(x)$ 和弯矩方程 $M = M(x)$，以横坐标 x 表示横截面的位置，以纵坐标 F_S 和 M 表示相应横截面上的剪力和弯矩，由此绘出的表示剪力和弯矩随横截面位置变化的图形分别称为剪力图与弯矩图。

利用剪力图和弯矩图很容易确定梁横截面上的最大剪力和最大弯矩，找出梁危险截面的位置。正确绘制剪力图和弯矩图是梁强度和刚度计算的基础。

绘制梁的剪力图和弯矩图的一般步骤如下：

（1）根据梁所受载荷求出支座反力（悬臂梁可以不求，截开后取自由端为研究对象）；

（2）以梁的左端为坐标原点，沿梁轴线自左向右建立 Ox 坐标轴；

（3）根据梁上载荷的分布情况，分段建立剪力方程和弯矩方程，即求出每一分段内位置为 x 的任意横截面上的剪力和弯矩，同时要标明剪力方程和弯矩方程的适用范围，即 x 的变化区间；

（4）根据剪力方程和弯矩方程，绘制剪力图和弯矩图；

（5）根据绘制的剪力图和弯矩图，确定 $|F_S|_{\max}$ 及 $|M|_{\max}$。

例 9-2 图 9-13（a）所示简支梁 AB，受均布载荷 q 作用，试列出梁的剪力方程和弯矩方程，并画出剪力图和弯矩图。

解 （1）求支座反力。由平衡方程及 $\sum M_A = 0$ 及 $\sum M_B = 0$，可得

$$F_A = F_B = \frac{ql}{2}$$

（2）列剪力方程和弯矩方程。取图 9-13（a）所示坐标系，假想在距 A 端 x 处将梁截开，取左段梁为研究对象，可得剪力方程和弯矩方程分别为

$$F_S(x) = F_A - qx = \frac{ql}{2} - qx \qquad (0 \leqslant x \leqslant l) \tag{1}$$

$$M(x) = F_A x - qx \cdot \frac{x}{2} = \frac{ql}{2}x - \frac{q}{2}x^2 \qquad (0 \leqslant x \leqslant l) \tag{2}$$

（3）绘制剪力图和弯矩图。式（1）表示剪力图为一条斜直线，斜率为 $-q$，向右下倾斜。根据 $x = 0$ 时，$F_S = \frac{ql}{2}$，$x = l$ 时，$F_S = -\frac{ql}{2}$ 即可绘出剪力图，如图 9-13（b）所示。

式（2）表示弯矩图为一条开口向下的抛物线。对于抛物线，可采取三点描线法作图，即先分别求出抛物线两端点与极值点处的弯矩值，然后通过三点的弯矩值，连成一条光滑的曲线。本题抛物线的左、右端点的弯矩值为 $x = 0$，$M(0) = 0$，$x = l$，$M(l) = 0$。为了求得抛物线极值点的位置，令 $\frac{\mathrm{d}M(x)}{\mathrm{d}x} = \frac{ql}{2} - qx = 0$，得 $x = \frac{l}{2}$。将 $x = \frac{l}{2}$ 代入方程（2）可得 $M\left(\frac{l}{2}\right) = \frac{ql^2}{8}$。由三点 $x = 0$、$x = \frac{l}{2}$ 和 $x = l$ 的弯矩值 $M(0) = 0$，$M\left(\frac{l}{2}\right) = \frac{ql^2}{8}$ 和 $M(l) = 0$，即可绘出弯矩图，如图 9-13（c）所示。

由 Q 图和 M 图可知，最大剪力发生在两端支座的内侧截面，其绝对值为 $|F_S|_{\max} = \frac{ql}{2}$；

最大弯矩发生在梁的跨度中点截面上，其值为 $|M|_{\max}=\dfrac{ql^2}{8}$。

例 9-3 图 9-14（a）所示简支梁 AB，在 C 点受集中力 F 作用，试列出梁的剪力方程和弯矩方程，并画出剪力图和弯矩图。

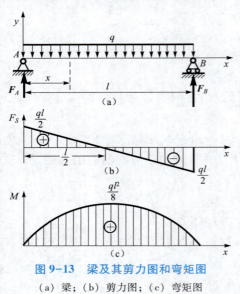

图 9-13　梁及其剪力图和弯矩图
（a）梁；（b）剪力图；（c）弯矩图

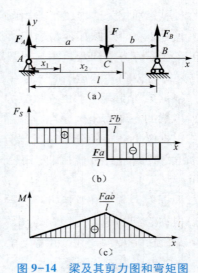

图 9-14　梁及其剪力图和弯矩图
（a）梁；（b）剪力图；（c）弯矩图

解　（1）求支座反力。由静力平衡方程得

$$F_A=\frac{Fb}{l} \quad F_B=\frac{Fa}{l}$$

（2）列剪力方程和弯矩方程。建立图 9-14（a）所示坐标系，根据分段原则，将梁分成 AC、CB 两段，分别列剪力方程和弯矩方程。

AC 段：

$$F_{S1}(x)=F_A=\frac{Fb}{l} \qquad (0<x<a) \tag{1}$$

$$M_1(x)=F_Ax=\frac{Fb}{l}x \qquad (0\leq x\leq a) \tag{2}$$

CB 段：

$$F_{S2}(x)=-F_B=-\frac{Fa}{l} \qquad (a<x<l) \tag{3}$$

$$M_2(x)=F_B(l-x)=\frac{Fa}{l}(l-x) \qquad (a\leq x\leq l) \tag{4}$$

（3）绘制剪力图和弯矩图。

式（1）、（3）表示在 AC、CB 段内各截面上的剪力为常量，剪力图是平行于 x 轴的水平线。式（2）表示在 AC 段内的弯矩图是一条斜率为正即向右上方倾斜的斜直线，由 $x=0$，$M(0)=0$；$x=a$，$M(a)=\dfrac{Fab}{l}$ 两点即可画出。而式（4）表示在 CB 段内的弯矩图是一条斜率为负的向右下方倾斜的斜直线，由 $x=a$，$M(a)=\dfrac{Fab}{l}$；$x=l$，$M(l)=0$ 两点画出。

由 Q 图和 M 图可知，当 $a>b$ 时，$|F_S|_{\max}=\dfrac{Fa}{l}$，出现在 CB 段内；当 $a<b$ 时，$|F_S|_{\max}=\dfrac{Fb}{l}$，出现在 AC 段内。最大弯矩值发生在集中力 F 作用的 C 截面上，其值为 $|M|_{\max}=\dfrac{Fab}{l}$。

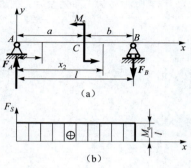

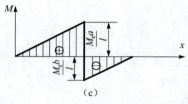

图 9-15 梁及其剪力图和弯矩图
(a) 梁；(b) 剪力图；(c) 弯矩图

从 F_S 图上可看出，在集中力 F 作用处，剪力图发生突变，突变的数值等于集中力的数值。

例 9-4 图 9-15（a）所示简支梁 AB，在 C 截面处受集中力偶 M_e 作用，试列出梁的剪力方程和弯矩方程，并画出剪力图和弯矩图。

解 （1）求支座反力。按力偶平衡条件得

$$F_A=F_B=\frac{M_e}{l}$$

方向如图 9-15（a）所示。

（2）列剪力方程和弯矩方程。根据分段原则，将梁分成 AC、CB 两段，分别列剪力方程和弯矩方程，建立图 9-15（a）所示坐标系。

AC 段：

$$F_{S1}(x)=F_A=\frac{M_e}{l} \qquad (0\leqslant x<a) \qquad (1)$$

$$M_1(x)=F_A x=\frac{M_e}{l}x \qquad (0\leqslant x<a) \qquad (2)$$

CB 段：

$$F_{S2}(x)=F_B=\frac{M_e}{l} \qquad (a\leqslant x\leqslant l) \qquad (3)$$

$$M_2(x)=-F_B(l-x)=-\frac{M_e}{l}(l-x) \qquad (a<x\leqslant l) \qquad (4)$$

（3）绘制剪力图和弯矩图

根据式（1）和式（3）绘出 F_S 图为一条平行于 x 轴的水平线，可见，集中力偶对 F_S 图无影响，梁上任意截面的剪力均为最大值，$|F_S|_{\max}=\dfrac{m}{l}$。式（2）和式（4）表示在 AC 段和 CB 段内，弯矩图均为斜率为 M_e/l 的倾斜直线，相互平行。若 $a>b$，则在 C 点的左侧截面上有最大弯矩 $|M|_{\max}=\dfrac{M_e a}{l}$；若 $a<b$，则在 C 点的右侧截面上有最大弯矩 $|M|_{\max}=\dfrac{M_e b}{l}$。

从 M 图上可看出，在集中力偶 m 作用处，弯矩图发生突变，突变的数值等于集中力偶的数值。

为了有助于正确、简捷地绘制剪力图和弯矩图，同时也可检查已绘制好的剪力图和弯矩图，判断其正误，将剪力图、弯矩图和梁上载荷三者之间的一些常见的规律小结如表9-1所示。

利用表9-1指出的规律以及通过求出梁上某些特殊截面的内力值，可以不必再列出剪力方程和弯矩方程而直接绘制剪力图和弯矩图，下面举例说明。

表 9-1 F_S、M 图特征表

载荷类型	无载荷段 $q(x)=0$	均布载荷段 $q(x)=C$		集中力		集中力偶	
		$q<0$	$q>0$			C M_e	M_e C
F_S 图	水平线	倾斜线		产生突变		无影响	
				$\downarrow F$	$\uparrow F$		
M 图	$F_S>0$ $F_S=0$ $F_S<0$	二次抛物线，$F_S=0$ 处有极值		在 C 处有折角		产生突变	
	倾斜线 水平线 倾斜线					M_e	M_e

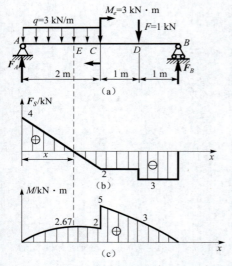

图 9-16 梁及其剪力和弯矩图
（a）梁；（b）剪力图；（c）弯矩图

例 9-5 利用 M、F_S 和 q 之间的关系，画出图9-16（a）所示梁的剪力图和弯矩图。

解 （1）求支反力以梁 AB 为研究对象，根据平衡方程 $\sum M_A=0$ 和 $\sum F_y=0$ 可求得

$$F_A=4\text{ kN} \qquad F_B=3\text{ kN}$$

（2）利用 M、F_S 和 q 间的关系作剪力图和弯矩图。

① 分段：根据梁上的载荷，将梁分为 AC、CD 和 DB 三段。用 A^+ 表示离截面 A 无限近的右侧横截面，A^- 表示离截面 A 无限近的左侧横截面，其余类同。

② 先作剪力图：计算各段起、止点横截面上的剪力值，注意到集中力作用处剪力图要发生突变，其左、右截面上的剪力要分别计算。从左起算：

$$F_{SA}^+=F_A=4\text{ kN}$$

$$F_{SC}=F_A-2q=4-3\times2=-2\text{ kN}$$

$$F_{SD}^-=F_A-2q=4-3\times2=-2\text{ kN}$$

$$F_{SD}^+=-F_B=-3\text{ kN}$$

$$F_{SB}^-=-F_B=-3\text{ kN}$$

结合表9-1所示规律，剪力图在 AC 段内为右下倾斜直线，在 CD、DB 段内为水平线。

根据上面数据绘出剪力图，如图9-16（b）所示。

③ 再作弯矩图：从剪力图上可知，AC 段内 E 截面上 $F_{SE}=0$，因此对应弯矩图上的 E 点为二次抛物线的极值点。由图 9-16（b）按比例 x : $(x-2)=4$: 2，可得 $x=1.33$ m。注意到集中力偶作用处弯矩图要发生突变，求出各相应横截面上的弯矩为

$$M_A = 0$$

$$M_E = F_A x - \frac{1}{2}qx^2 = 4 \times 1.33 - \frac{1}{2} \times 3 \times 1.33^2 = 2.67 \text{ kN} \cdot \text{m}$$

$$M_C^- = F_A \times 2 - \frac{1}{2}q \times 2^2 = 4 \times 2 - \frac{1}{2} \times 3 \times 2^2 = 2 \text{ kN} \cdot \text{m}$$

$$M_C^+ = F_B \times 2 - F \times 1 = 3 \times 2 - 1 \times 1 = 5 \text{ kN} \cdot \text{m}$$

$$M_D = F_B \times 1 = 3 \times 1 = 3 \text{ kN} \cdot \text{m}$$

$$M_B = 0$$

结合表 9-1 所示规律，弯矩图在 AC 段内为上凸的抛物线，在 CD、DB 段内为右下倾斜直线，根据上面数据可绘出弯矩图，如图 9-16（c）所示。

9.4　纯弯曲时梁横截面上的正应力

一般情况下，梁发生平面弯曲时，其横截面上既有弯矩又有剪力，这种平面弯曲称为剪切弯曲。而在有些情况下，一段梁的横截面上，只有弯矩，没有剪力，这种弯曲称为纯弯曲。例如等截面简支梁 AB，其上作用两个对称的集中力 F（见图 9-17）。在梁的 AC 和 DB 两段内，各横截面上同时有剪力 F_S 和弯矩 M，为剪切弯曲；而在中间 CD 段内的各横截面上，只有弯矩 M，没有剪力 F_S，为纯弯曲。

本节着重研究纯弯曲时梁横截面上的正应力，并以此为基础，把有关的结论推广到剪切弯曲。

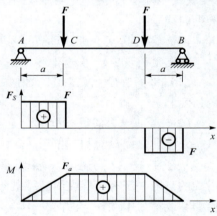

图 9-17　纯弯曲和剪切弯曲

9.4.1　纯弯曲试验

为了研究纯弯曲时梁横截面上正应力的分布规律，可作纯弯曲试验。由实验件的表面变形现象，通过几何变形关系、物理关系和静力平衡关系，得到纯弯曲时梁横截面上正应力的分布规律及计算公式。

为此，取一具有纵向对称面的等截面简支梁，为了观察实验件的表面变形现象，未加载前，在其表面画些平行于梁轴线的纵向线和垂直于梁轴线的横向线，即形成方形网格，如图 9-18（a）。然后在梁的两端加上一对

纯弯曲

大小相等、方向相反的力偶使梁产生纯弯曲变形。观察纯弯曲梁的变形，如图 9-18（b），可以得出以下几点：

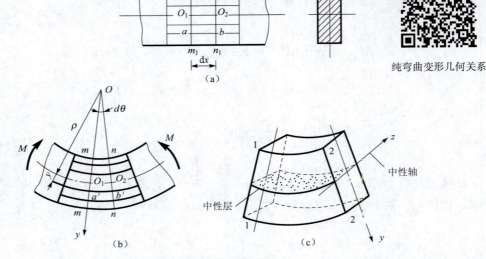

纯弯曲变形几何关系

图 9-18　梁的弯曲变形
（a）实验前画方形网格；（b）梁变形后；（c）中性轴

（1）纵向线弯曲成圆弧线，其间距不变，靠凸边的纵向线伸长，而靠凹边的纵向线缩短。

（2）横向线依然为直线，只是横向线间相对地转过了一个微小的角度，但仍与弯曲后的纵向线垂直。

（3）梁的高度不变，而梁的宽度在伸长区内，有所减少，在压缩区内，有所增大。

根据上述现象，可对梁的变形提出如下假设：

（1）平面假设：梁在纯弯曲时，各横截面始终保持为平面，仅绕某轴转过了一个微小的角度。

（2）单向受力假设：设梁由无数纵向纤维组成，则这些纵向纤维处于单向拉伸或压缩状态，彼此之间没有相互挤压。

从图 9-18（b）还可以看出，梁的下部纤维伸长，上部纤维压缩。由于变形的连续性，沿梁的高度一定有一层纵向纤维既不伸长又不缩短。这一纤维层称为中性层。中性层与横截面的交线称为中性轴，即图 9-18（c）中的 z 轴。纯弯曲时，梁的横截面绕中性轴 z 转动了一个微小角度。

9.4.2　纯弯曲时横截面上的正应力

下面分析梁横截面上的正应力分布规律，并导出其计算公式。

1. 几何变形关系

选取相距为 $\mathrm{d}x$ 的两相邻横截面 m—m 和 n—n。设中性层 O_1O_2 的曲率半径为 ρ，相对转动后形成的夹角为 $\mathrm{d}\theta$，见图 9-18（b）。因中性层的纤维长度不变，有 $O_1O_2 = \mathrm{d}x = \rho\mathrm{d}\theta$。距

中性层 y 处的线应变为

$$\varepsilon = \frac{a'b' - o_1 o_2}{o_1 o_2} = \frac{(\rho + y)\ \mathrm{d}\theta - \mathrm{d}x}{\mathrm{d}x}$$

$$= \frac{(\rho + y)\ \mathrm{d}\theta - \rho\mathrm{d}\theta}{\rho\mathrm{d}\theta} = \frac{y}{\rho} \tag{9-3}$$

这是横截面上各点处线应变随截面高度的变化规律。

2. 物理关系

由于假设纵向纤维只受到单向拉伸或压缩，当正应力没有超过材料的比例极限 σ_p 时，由虎克定律得

$$\sigma = E\varepsilon = E\frac{y}{\rho} \tag{9-4}$$

式（9-4）表明，纯弯曲梁横截面上任一点的正应力与该点到中性轴的距离成正比；距中性轴同一高度上各点的正应力相等。显然，在中性轴上各点处的正应力为零，如图 9-19 所示。

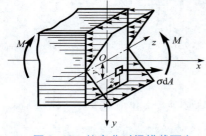

图 9-19　纯弯曲时梁横截面上的正应力分布规律

3. 静力平衡关系

式（9-4）中，中性轴位置没有确定，曲率 $\dfrac{1}{\rho}$ 未知，还不能用此式计算弯曲正应力。为了确定中性轴位置与曲率 $\dfrac{1}{\rho}$，在纯弯曲梁的横截面上取一微面积 $\mathrm{d}A$，微面积上的微内力为 $\sigma \cdot \mathrm{d}A$（见图 9-19）。由于纯弯曲梁横截面上的内力只有弯矩 M，没有轴力 F_N，所以有

$$F_N = \int_A \sigma \mathrm{d}A = 0$$

将式（9-4）代入，得

$$\frac{E}{\rho}\int_A y\mathrm{d}A = 0$$

因为 $\dfrac{E}{\rho} \neq 0$，所以横截面对中性轴的静距 $S_Z = \displaystyle\int_A y\mathrm{d}A = y_C A = 0$，即说明中性轴 z 必通过横截面的形心。

同时，横截面上微内力对中性轴 z 的合力矩等于该横截面上的弯矩，即

$$M = \int_A (\sigma \mathrm{d}A) y$$

将式（9-4）代入，得

$$\frac{E}{\rho}\int_A y^2 \mathrm{d}A = M$$

式中 $\displaystyle\int_A y^2 \mathrm{d}A$ 是横截面对中性轴 z 的截面二次矩，以 I_z 表示，又称惯性矩，单位为 m^4。于是上式可改写为

$$\frac{1}{\rho} = \frac{M}{EI_z} \tag{9-5}$$

这是研究梁弯曲变形的一个基本公式。它说明弯曲时梁轴线的曲率 $\frac{1}{\rho}$ 与弯矩 M 成正比，与 EI_z 成反比。乘积 EI_z 称为梁截面的抗弯刚度。

将式（9-5）代入式（9-4）得

$$\sigma = \frac{My}{I_z} \tag{9-6}$$

式（9-6）即为纯弯曲梁的正应力计算公式。实际使用时，M 和 y 都取绝对值，由梁的变形直接判断 σ 的正负。

从式（9-6）可知，在离中性轴最远的梁的上下边缘处正应力最大。即

$$\sigma_{max} = \frac{My_{max}}{I_z}$$

令 $W_z = \frac{I_z}{y_{max}}$，$W_z$ 称为横截面对中性轴 z 的弯曲截面系数，单位是 m^3，则

$$\sigma_{max} = \frac{M}{W_z} \tag{9-7}$$

应该指出的是，虽然式（9-6）和式（9-7）是从纯弯曲梁的变形推导出的，但对剪切弯曲，当梁的跨度 l 与横截面高度 h 之比 $\frac{l}{h} > 5$ 时，式（9-6）和式（9-7）同样适用。

9.4.3 截面二次矩和弯曲截面系数

下面讨论常用的矩形截面和圆形截面的二次矩 I_z 和弯曲截面系数 W_z。

1. 矩形截面

设矩形截面的高为 h，宽为 b，过形心 O 作 y 轴和 z 轴，如图9-20所示，则有

$$I_z = \frac{bh^3}{12} \qquad W_z = \frac{I_z}{y_{max}} = \frac{bh^3/12}{h/12} = \frac{bh^2}{6}$$

$$I_y = \frac{hb^3}{12} \qquad W_y = \frac{hb^2}{6}$$

2. 圆形截面与圆环形截面

设圆形截面的直径为 d，y 轴和 z 轴过形心 O，如图9-21（a）所示。因为圆截面是关于中心对称的，$I_y = I_z$，所以有

$$I_y = I_z = \frac{\pi d^4}{64} \qquad W_y = W_z = \frac{\pi d^3}{32}$$

对于圆环形截面，见图9-21（b），用同样的方法得到

$$I_y = I_z = \frac{\pi D^4}{64}(1-\alpha^4) \qquad W_y = W_z = \frac{\pi D^3}{32}(1-\alpha^4)$$

其中 D 为圆环的外径，d 为圆环的内径，$\alpha = \frac{d}{D}$。

3. 型钢的截面

有关型钢的截面二次矩 I_z 和弯曲截面系数 W_z 可在有关工程手册中查到（本书的附录中列出了部分型钢表）。

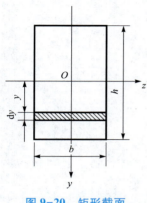

图 9-20　矩形截面

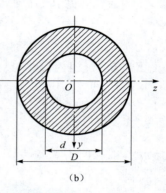

（a）　　　　　　　　　（b）

图 9-21　圆形截面与圆环形截面
（a）圆形截面；（b）圆环形截面

9.5 弯曲强度计算

9.5.1　弯曲正应力强度

为了保证梁能安全地工作，必须使梁具备足够的强度。对等截面梁来说，最大弯曲正应力发生在弯矩最大的截面的上下边缘处，如果梁材料的许用应力为 $[\sigma]$，则梁弯曲正应力强度条件为

$$\sigma_{\max} = \frac{M_{\max}}{W_z} \leqslant [\sigma] \qquad (9-8)$$

需要指出的是，式（9-8）只适用于许用拉应力和许用压应力相等的塑性材料。对于像铸铁之类的脆性材料，许用拉应力 $[\sigma_l]$ 和许用压应力 $[\sigma_y]$ 并不相等，应分别建立相应的强度条件，即

$$\sigma_{l\,\max} \leqslant [\sigma_l] \qquad \sigma_{y\,\max} \leqslant [\sigma_y] \qquad (9-9)$$

根据梁的正应力强度条件，可以解决三类强度计算问题：校核梁的强度、设计梁的截面尺寸和确定梁的许用载荷。

例 9-6　如图 9-22 所示的压板夹紧装置，已知工件受到的夹紧力 $F = 3$ kN，板长为 $3a$，其中 $a = 50$ mm，

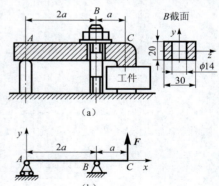

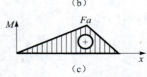

图 9-22　压板夹紧装置
（a）压板夹紧装置；（b）简图；（c）弯矩图

125

压板材料的许用应力$[\sigma]=140$ MPa，试校核压板的弯曲正应力强度。

解 压板夹紧装置的简图如图9-22（b）所示。压板AC可简化为发生弯曲变形的外伸梁，其弯矩图如图9-22（c）所示。由弯矩图可知，截面B的弯矩值最大，且其抗弯截面系数又最小，因此，截面B为危险截面。其弯矩值为

$$M_{max}=Fa=3\times10^3\times50\times10^{-3}$$
$$=150 \text{ N}\cdot\text{m}$$

截面B的抗弯截面系数为

$$W_z=\frac{I_z}{y_{max}}=\frac{(30-14)\times10^{-3}\times20^3\times10^{-9}}{12}\times\frac{2}{20\times10^{-3}}$$
$$=1.07\times10^{-6}\text{m}^3$$

校核压板的弯曲正应力强度，即

$$\sigma_{max}=\frac{M_{max}}{W_z}=\frac{150}{1.07\times10^{-6}}=140.2\times10^6 \text{ Pa}$$
$$=140.2 \text{ MPa}>[\sigma]=140 \text{ MPa}$$

压板工作时的最大弯曲正应力未超过许用应力的5%，按有关设计规范，压板是安全的。

例9-7 简支矩形木梁AB如图9-23所示，跨度$l=5$ m，承受均布载荷集度$q=3.6$ kN/m，木材顺纹许用应力$[\sigma]=10$ MPa。设梁横截面高度之比为$h/b=2$，试选择梁的截面尺寸。

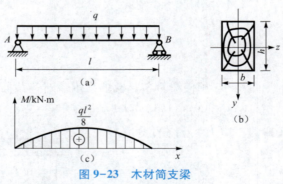

图9-23 木材简支梁
（a）简支梁AB；（b）梁的横截面；（c）弯矩图

解 画出梁的弯矩图，最大弯矩在梁跨中点截面上。其值为

$$M_{max}=\frac{ql^2}{8}=\frac{3.6\times10^3\times(5)^2}{8}=11.25\times10^3 \text{ N}\cdot\text{m}$$

由强度条件$\sigma_{max}=\frac{M_{max}}{W_z}\leqslant[\sigma]$，得

$$W_z\geqslant\frac{M_{max}}{[\sigma]}=\frac{11.25\times10^3}{10\times10^6}=1.125\times10^{-3} \text{ m}^3$$

矩形截面弯曲截面系数为

$$W_z = \frac{bh}{6} = \frac{b \times (2b)^2}{3} = \frac{2b^3}{3} \geq 1.125 \times 10^{-3} \text{ m}^3$$

得

$$b \geq \sqrt[3]{\frac{3 \times 1.125 \times 10^{-3}}{2}} = 0.119 \text{ m}$$

$$h = 2b = 0.238 \text{ m}$$

最后可选取 240 mm×120 mm 的矩形截面木材梁。

*例 9-8　如图 9-24（a）所示为一 T 形截面的铸铁外伸梁。已知许用拉应力 $[\sigma_1]$ = 30 MPa，许用压应力 $[\sigma_y]$ = 60 MPa，截面尺寸如图 9-24（b）所示。截面对形心轴 Z 的二次矩 $I_z = 763 \text{ cm}^4$，$y_1 = 52$ mm，试校核梁的弯曲正应力强度。

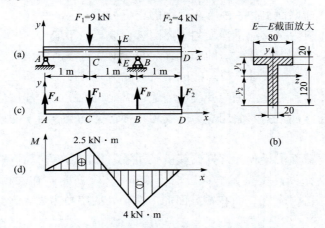

图 9-24　梁的结构、尺寸、受力及弯矩图
（a）外伸梁；（b）梁的横截面；（c）梁的受力；（d）梁的弯矩图

解　由静力平衡方程求出支座反力为

$$F_A = 2.5 \text{ kN} \qquad F_B = 10.5 \text{ kN}$$

画出弯矩图如图 9-24（d）所示。最大正弯矩发生在截面 C 上，$M_C = 2.5$ kN·m；最大负弯矩在截面 B 上，$M_B = -4$ kN·m。

由于 T 形截面对中性轴 z 不对称，同一截面上的最大拉压力和压应力并不相等，因此必须分别对危险截面 B 和 C 进行强度校核。

由梁的弯曲方向可知，C 截面上的最大拉应力发生在截面下边缘各点，最大压应力发生在 C 截面的上边缘各点，分别为

$$\sigma_{lC} = \frac{M_C y_2}{I_z} = \frac{2.5 \times 10^3 \times (120 + 20 - 52) \times 10^{-3}}{763 \times 10^{-8}} = 28.8 \times 10^6 \text{ Pa} = 28.8 \text{ MPa}$$

$$\sigma_{yC} = \frac{M_C y_1}{I_z} = \frac{2.5 \times 10^3 \times 52 \times 10^{-3}}{763 \times 10^{-8}} = 17 \times 10^6 \text{ Pa} = 17 \text{ MPa}$$

B 截面上的最大拉应力发生在截面上边缘各点，最大压应力发生在截面的下边缘各点，分别为

$$\sigma_{lB} = \frac{M_B y_2}{I_z} = \frac{4 \times 10^3 \times 52 \times 10^{-3}}{763 \times 10^{-8}} = 27.3 \times 10^6 \text{ Pa} = 27.3 \text{ MPa}$$

$$\sigma_{yB} = \frac{M_B y_2}{I_z} = \frac{4 \times 10^3 \times (120+20-52) \times 10^{-3}}{763 \times 10^{-8}} = 46.1 \times 10^6 \ \text{Pa} = 46.1 \ \text{MPa}$$

比较可知，梁内最大拉应力发生在 C 截面的下边缘处，最大压应力发生在截面 B 的下边缘处，且有

$$\sigma_{l\,max} = \sigma_{lC} = 28.8 \ \text{MPa} < [\sigma_l] = 30 \ \text{MPa}$$

$$\sigma_{y\,max} = \sigma_{yB} = 46.1 \ \text{MPa} < [\sigma_y] = 60 \ \text{MPa}$$

从以上强度计算可看出，梁的强度条件是满足的。

*9.5.2 弯曲切应力强度简介

梁在剪切弯曲时，横截面上除了由弯矩引起的正应力以外，还存在着由剪力引起的切应力。在一般情况下，正应力是支配梁强度的主要因素，按弯曲正应力强度计算即可满足工程要求。但在某些情况下，例如跨度较短的梁，载荷较大又靠近支座的梁，腹板高而窄的组合截面梁，焊接、铆接、胶合的梁等，有可能因梁材料的剪切强度不足而发生破坏。例如，木梁、竹竿等在弯曲变形时，往往沿纵向开裂，因此，需要讨论梁的弯曲切应力强度。

下面简单介绍矩形截面梁的弯曲切应力公式和几种常见典型截面梁的切应力最大值计算公式。

在工程上，矩形横截面的梁较为常见，其横截面上的切应力方向与该截面上的剪力方向一致；切应力的大小沿截面高度呈抛物线分布，如图 9-25 所示。在梁横截面的上下边缘 $y = \pm h/2$ 的任一点处，切应力 $\tau = 0$，而在横截面的中性轴处切应力为最大，其值为

$$\tau_{max} = 1.5 \frac{F_S}{A} \tag{9-10}$$

式中 F_S ——横截面上的剪力；

      A ——矩形横截面梁的横截面积。

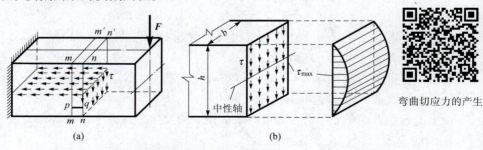

弯曲切应力的产生

图 9-25　矩形截面梁横截面上的切应力分布规律

（a）剪切弯曲梁；（b）切应力的分布

可见矩形截面梁最大切应力为平均切应力的 1.5 倍。对于工形、T 形等狭长截面的梁，其截面上的剪力主要由腹板承担，翼缘上的切应力很小，一般不与考虑，横截面上的最大切应力也在中性轴处。表 9-2 给出了常见截面梁的最大切应力近似计算公式。

梁的切应力强度条件为

$$\tau \leqslant [\tau] \tag{9-11}$$

式中 $[\tau]$ ——为梁材料的许用切应力。

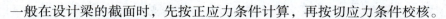

一般在设计梁的截面时，先按正应力条件计算，再按切应力条件校核。

表 9-2 常见截面梁的最大切应力近似计算公式

截面形状	圆形	圆环形	工字形	方形
τ_{max}	$\tau_{max}=\dfrac{4}{3}\dfrac{F_S}{A}$ $A=\dfrac{\pi}{4}d^2$	$\tau_{max}=\dfrac{2F_S}{A}$ $A=\dfrac{\pi}{4}(D^2-d^2)$	$\tau_{max}=\dfrac{F_S}{A}$ $A=h_0d$	$\tau_{max}=\dfrac{F_S}{A}$ $A=h_0d$

9.6 梁的弯曲变形

为保证梁能正常地工作，除了满足强度条件外，还要求它具有足够的刚度，不能产生过大的变形。因为如果梁的变形过大，也不能保证梁正常工作。例如起重机大梁在起吊重物后弯曲变形过大，会使起重机运行时产生振动、"爬坡"现象，破坏工作的平稳性；齿轮轴变形过大，会造成齿轮啮合不良，产生噪声和振动，增加齿轮、轴承的磨损，降低使用寿命，因此必须限制梁的弯曲变形。

9.6.1 梁弯曲变形的概念

设悬臂梁 AB，受载荷作用后，在弹性范围内，梁的轴线由直线被弯成一条光滑的连续曲线（AB'），称为挠曲线（图 9-26）。梁的横截面形心在垂直于梁轴线方向的位移称为挠度，用 w 表示；梁的横截面相对于变形前的位置转过的角度称为该截面的转角，用 θ 表示。挠度和转角正负规定为：在如图 9-26 所示的坐标系中，挠度向上为正，向下为负；逆时针方向的转角为正，顺时针方向的转角为负。另外，在如图所示的坐标系中，挠曲线可用函数方程表示为：

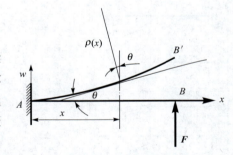

图 9-26 梁的弯曲变形

$$w=w(x) \qquad (9-12)$$

式（9-12）称梁的挠曲线方程。

由于梁横截面变形后仍垂直于梁的轴线，因此任一横截面的转角，也可以用截面形心处挠曲线的切线与 x 轴的夹角来表示。由微分学可知，过挠曲线上任意点的切线与 x 轴夹角的正切就是挠曲线上该点的斜率，即

$$\tan\theta=\frac{dw}{dx}=w'$$

弯曲变形

129

因为在实际工程中，转角 θ 一般都很小，所以 $\tan\theta \approx \theta$，于是

$$\theta = \frac{\mathrm{d}w}{\mathrm{d}x} = w' \qquad\qquad (9-13)$$

可见，如果能建立梁变形后的挠曲线方程，就能通过微分得到转角方程，那么梁的任意截面上的挠度 w 与转角 θ 均可求得。

9.6.2 用叠加法求梁的变形

表 9-3 给出了梁在简单载荷下的挠曲线方程、端截面转角和最大挠度。

表 9-3　梁在简单载荷下的挠曲线方程，端截面转角和最大挠度

梁的简图	挠曲线方程	端截面转角	最大挠度
	$w = \dfrac{M_e x^2}{2EI_z}$	$\theta_A = -\dfrac{M_e l}{EI_e}$	$w_B = \dfrac{M_e l^2}{2EI_z}$
	$w = -\dfrac{Fx^2}{6EI_z}(3l-x)$	$\theta_B = -\dfrac{Fl^2}{2EI_z}$	$w_B = -\dfrac{Fl^2}{3EI_z}$
	$w = -\dfrac{Fx^2}{6EI_z}(3a-x)$ $0 \leqslant x \leqslant a$ $w = \dfrac{-Fa^2}{6EI_z}(3x-a)$ $a \leqslant x \leqslant l$	$\theta_B = -\dfrac{Fa^2}{2EI_z}$	$w_B = -\dfrac{Fa^2}{6EI_z}(3t-a)$
	$w = -\dfrac{qx^2}{24EI_z}(x^2-4lx+6l^2)$	$\theta_B = -\dfrac{ql^3}{8EI_z}$	$w_B = -\dfrac{ql^4}{8EI_z}$
	$w = -\dfrac{M_e x}{6EI_z l} \cdot (l-x)(2l-x)$	$\theta_A = -\dfrac{M_e l}{3EI_z}$ $\theta_B = \dfrac{M_e l}{6EI_z}$	$x = \left(1-\dfrac{1}{\sqrt{3}}\right)l,$ $w_{\max} = -\dfrac{M_e l^2}{9\sqrt{3}\,EI_z}$ $x = \dfrac{l}{2},$ $w = -\dfrac{M_e l^2}{16EI_z}$

续表

梁的简图	挠曲线方程	端截面转角	最大挠度
	$w=\dfrac{M_e x}{6EI_z l}\cdot(l^2-3b^2-x^2)$ $0\leqslant x\leqslant a$ $w=\dfrac{M_e}{6EI_z l}\cdot[-x^3+3l(x-a)^2+(l^2-3b^2)x]$ $a\leqslant x\leqslant l$	$\theta_A=\dfrac{M_e}{6EI_z l}(l^2-3b^2)$ $\theta_B=\dfrac{M_e}{6EI_z l}(l^2-3a^2)$	
	$w=-\dfrac{Fx}{48EI_z}\cdot(3l^2-4x^2)$ $0\leqslant x\leqslant\dfrac{1}{2}$	$\theta_A=-\theta_B$ $=-\dfrac{Fl^2}{16EI_z}$	$w_{\max}=-\dfrac{Fl^3}{48EI_z}$
	$w=-\dfrac{Fbx}{6EI_z l}\cdot(l^2-x^2-b^2)$ $0\leqslant x\leqslant a$ $w=-\dfrac{Fb}{6EI_z l}\Big[\dfrac{l}{b}\cdot(x-a)^3+(l^2-b^2)x-x^3\Big]$ $a\leqslant x\leqslant l$	$\theta_A=-\dfrac{Fab(l+b)}{6EI_z l}$ $\theta_B=\dfrac{Fab(l+a)}{6EI_z l}$	设 $a>b$, $x=\sqrt{\dfrac{l^2-b^2}{3}}$ 处, $w_{\max}=-\dfrac{Fb\sqrt{(l^2-b^2)^3}}{9\sqrt{3}EI_z l}$ 在 $x=\dfrac{l}{2}$ 处, $w_{L/2}=-\dfrac{Fb(3l^2-4b^2)}{48EI_z}$
	$w=-\dfrac{qx}{24EI_z}\cdot(l^3-2lx^2+x^3)$	$\theta_A=-\theta_B$ $=-\dfrac{ql^3}{24EI_z}$	$w_{\max}=-\dfrac{5ql^4}{384EI_z}$
	$w=\dfrac{Fax}{6EI_z l}(l^2-x^2)$ $0\leqslant x\leqslant l$ $w=-\dfrac{F(x-l)}{6EI_z}\cdot[a(3x-l)-(s-l)^2]$ $l\leqslant x\leqslant(l+a)$	$\theta_A=-\dfrac{1}{2}\theta_B=\dfrac{Fal}{6EI_z}$ $\theta_C=-\dfrac{Fa}{6EI_z}(3l+3a)$	$w_C=-\dfrac{Fa^2}{3EI_z}\cdot(l+a)$

131

续表

梁的简图	挠曲线方程	端截面转角	最大挠度
	$w=-\dfrac{M_e x}{6EI_z l}(x^2-l^2)$ $0 \leqslant x \leqslant l$ $w=-\dfrac{M_e}{6EI_z} \cdot (3x^2-4xl+l^2)$ $l \leqslant x \leqslant (l+a)$	$\theta_A=-\dfrac{1}{2}\theta_B=\dfrac{M_e l}{6EI_z}$ $\theta_C=-\dfrac{M_e}{3EI_z}(l+3a)$	$w_C=-\dfrac{M_e a}{6EI_z} \cdot (2l+3a)$
	$w=\dfrac{qa^2}{12EI_z}\left(lx-\dfrac{x^3}{l}\right)$ $0 \leqslant x \leqslant l$ $w=-\dfrac{qa^2}{12EI_z}\Bigg[\dfrac{x^3}{l}-$ $\dfrac{(2l+a)(x-l)^3}{al}-$ $\dfrac{(x-l)^4}{2a^2}-lx\Bigg]$ $l \leqslant x \leqslant l+a$	$\theta_A=-\dfrac{1}{2}\theta_B=\dfrac{qa^2 l}{6EI_z}$ $\theta_C=-\dfrac{qa^2}{6EI_z}(l+a)$	$w_C=-\dfrac{qa^3}{24EI_z} \cdot (3a+4l)$

从表 9-3 可以看出，梁的挠度和转角均为载荷的一次函数，在此情况下，当梁上同时受到多个载荷作用时，由某一载荷所引起的梁的变形不受其他载荷的影响。梁的变形满足线性叠加原理：即先求出各个载荷单独作用下梁的挠度和转角，然后将它们代数相加，得到多个载荷同时作用时梁的挠度与转角。

9.6.3　梁的刚度条件

梁的刚度条件为

$$\left.\begin{array}{c} w_{\max} \leqslant [w] \\ \theta_{\max} \leqslant [\theta] \end{array}\right\} \tag{9-14}$$

式中　$[w]$——梁的许用挠度；

$\qquad [\theta]$——梁的许可转角。

$[w]$ 和 $[\theta]$ 的具体数值可参照有关手册确定。

例 9-9　吊车大梁采用 No.45a 工字钢，跨度 $l = 9.2$ m，如图 9-27（a）所示。已知电动葫芦重 5 kN，最大起重量为 50 kN，许用挠度 $[w] = \dfrac{1}{500}$，试校核吊车大梁的刚度。

解　将吊车大梁简化为图 9-27（b）的简支梁，视梁的自重为均布载荷 q，起重量和电动葫芦自重为集中力 F。当电动葫芦处于梁中点时，大梁的变形最大，校核吊车大梁的刚度。

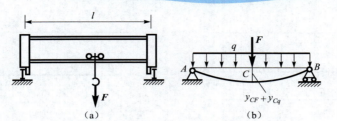

图 9-27 吊车大梁

（a）吊车大梁；（b）简化为简支梁

（1）利用叠加法求变形。查附录中的型钢表得 $q = 80.4$ kg/m×9.8 m/s² = 788 N/m，$I_z = 32\,240$ cm⁴，又 $E = 200$ GPa，$F = (50+5) = 55$ kN，查表 9-3 得

$$w_{CF} = \frac{Fl^3}{48EI_z} = \frac{55 \times 10^3 \times 9.2^3}{48 \times 200 \times 10^9 \times 32\,240 \times 10^{-8}} = 1.38 \times 10^{-2} \text{ m}$$

$$w_{Cq} = \frac{5ql^4}{384EI_z} = \frac{5 \times 788 \times 9.2^4}{384 \times 200 \times 10^9 \times 32\,240 \times 10^{-8}} = 1.14 \times 10^{-3} \text{ m}$$

$$w_C = w_{CF} + w_{Cq} = 1.38 \times 10^{-2} + 1.14 \times 10^{-3} = 1.49 \times 10^{-2} \text{ m}$$

（2）校核刚度。梁的许用挠度为

$$[w] = \frac{l}{500} = \frac{9.2}{500} = 1.84 \times 10^{-2} \text{ m}$$

比较可知，$w_C < [w]$，故符合刚度要求。

9.7 提高梁的强度和刚度的措施

从梁的弯曲正应力公式 $\sigma_{max} = \dfrac{M_{max}}{W_z} \leqslant [\sigma]$ 可知，梁的最大弯曲正应力与梁上的最大弯矩 M_{max} 成正比，与弯曲截面系数 W_z 成反比；从梁的挠度和转角的表达式看出梁的变形与跨度的高次方成正比，与梁的抗弯刚度 EI_z 成反比。依据这些关系，可以采用以下措施来提高梁的强度和刚度，在满足梁的抗弯能力前提下，尽量减少消耗的材料。

1. 合理安排梁的支承

在梁的尺寸和截面形状已经设定的条件下，合理安排梁的支承，可以起到降低梁上最大弯矩的作用，同时也缩小了梁的跨度，从而提高了梁的强度和刚度。以图 9-28（a）所示均布载荷作用下的简支梁为例，若将两端支座各向里侧移动 0.2l，如图 9-28（b），梁上的最大弯矩只有原来的 $\dfrac{1}{5}$，同时梁上的最大挠度和最大转角也变小了。

工程上常见的锅炉（见图 9-29）和龙门吊车大梁（见图 9-30）的支承不在两端，而向中间移动一定的距离，就是这个道理。

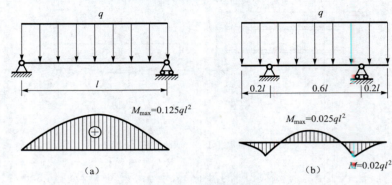

图 9-28　合理安排支座

（a）简支梁；（b）支座向里移动 0.2*l*

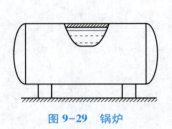

图 9-29　锅炉

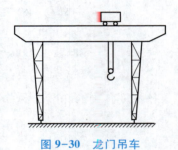

图 9-30　龙门吊车

2. 合理地布置载荷

当梁上的载荷大小一定时，合理地布置载荷，可以减小梁上的最大弯矩，提高梁的强度和刚度。以简支梁承受集中力 **F** 为例，如图 9-31（a）所示，集中力 **F** 的布置形式和位置不同，梁的最大弯矩明显减少。传动轴上齿轮靠近轴承安装，如图 9-31（b）所示；运输大型设备的多轮子板车，如图 9-31（c）所示；吊车增加副梁，如图 9-31（d）所示，均可作为简支梁上合理地布置载荷，提高抗弯能力的实例。

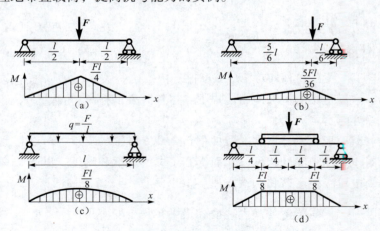

图 9-31　合理布置载荷，减小最大弯矩

（a）简支梁；（b）齿轮靠近轴承；（c）多轮子板车；（d）吊车加副梁

3. 选择梁的合理截面

梁的合理截面应该是用较小的截面面积获得较大的弯曲截面系数。从梁横截面正应力的分布情况来看，应该尽可能将材料放在离中性轴较远的地方。因此工程上许多弯曲构件都采用工字形、箱形、槽形等截面形状。各种型材，如型钢、空心钢管等的广泛采用也是这个道理。

当然，除了上述三条措施外，还可以采用增加约束（即采用超静定梁）以及等强度梁等措施来提高梁的强度和刚度。需要指出的是，由于优质钢与普通钢的 E 值相差不大，但价格悬殊，用优质钢代替普通钢达不到提高梁刚度的目的，反而增加了成本。

小　结

本章的主要内容有：

（1）平面弯曲梁的横截面上有两个内力——剪力和弯矩。其正负号按变形规定如下图所示。

计算梁某横截面上的剪力和弯矩可按口诀："左上右下，剪力为正；左顺右逆，弯矩为正"，依据所求截面左段或右段梁上的外力的指向及对截面形心力矩的转向直接求得。

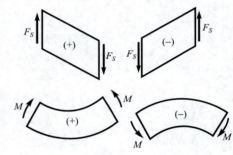

（2）剪力图和弯矩图是分析梁强度和刚度问题的基础，从剪力图和弯矩图上可分析梁的危险截面。本章要求能熟练、正确地画剪力图和弯矩图。

（3）平面弯曲梁横截面上正应力的计算公式为

$$\sigma = \frac{M_y}{I_z}$$

（4）梁的正应力强度条件为

$$\sigma_{\max} = \frac{M}{W_z} \leqslant [\sigma]$$

（5）* 剪切弯曲时，矩形截面梁的最大切应力发生在剪力最大截面的中性轴上，可查相应的计算。梁的切应力强度条件为

$$\tau_{\max} \leqslant [\tau]$$

（6）梁的变形用挠度 w 和转角 θ 来度量。简单载荷作用下梁的挠曲线方程、端截面转角和最大挠度，可查表9-3。

（7）工程上常用叠加法来求复杂载荷下梁的变形。

（8）提高梁的强度和刚度的措施可从合理安排梁的支承、合理布置梁上的载荷和采用合理的截面等三个主要方面考虑，根据实际情况一般可采用减小梁的跨度、分散载荷、采用型钢、增加约束转化为超静定梁和采用等强度梁等方法。

思考题和习题

9-1　具有对称截面的直梁发生平面弯曲的条件是什么？

9-2　剪力和弯矩的正负号是怎样规定的？它与坐标的选择是否有关？与静力学中力和力偶的符号规定有何区别？

9-3　矩形截面梁的高度增加一倍，梁的承载能力增加几倍？宽度增加一倍，承载能力又增加几倍？

9-4　形状、尺寸、支承和载荷相同的两根梁，一根是钢梁，一根是铝梁，问内力图相同吗？应力分布相同吗？梁的变形相同吗？

*9-5　矩形截面梁弯曲时，横截面上的切应力是如何分布的？如何计算最大弯曲切应力？在什么样的条件下需要计算弯曲梁的最大切应力？

9-6　提高梁的强度和刚度的措施主要有哪些？试结合工程实例说明。

9-7　试求题 9-7 图所示的各梁指定截面上的剪力和弯矩，设 q、a 已知。

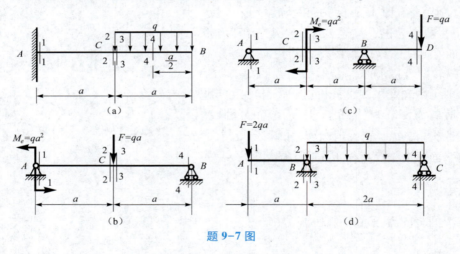

题 9-7 图

9-8　设 $F = 10$ kN，$M = 20$ kN·m，$q = 5$ kN/m，$a = 1$ m，$b = 2$ m，$l = 3$ m，试画出题 9-8 图示梁的剪力图和弯矩图。

9-9　画出题 9-9 图所示各梁的剪力图和弯矩图。

9-10　根据载荷集度、剪力和弯矩的关系，指出题 9-10 图所示梁的剪力图和弯矩图的错误，并改正。

9-11　题 9-11 图所示的矩形截面简支梁，已知 $F = 16$ kN。试求：（1）1—1 截面［见题 9-11 图（a）、（b）］上 D、E、F、H 各点的正应力的大小和正负，并画出该截面的正应力分布图；（2）梁的最大正应力；（3）若将梁的截面转 90°［见题 9-11 图（c）］，则截面上的最大正应力是原来的几倍？

9-12　计算题 9-12 图所示的工形梁内的最大正应力。

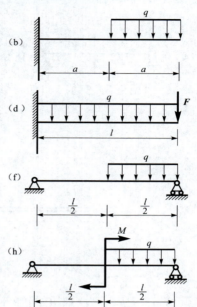

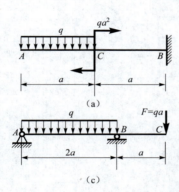

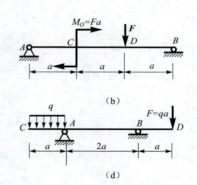

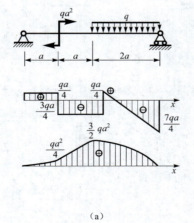

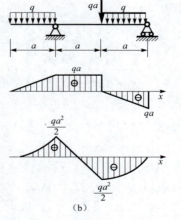

题 9-8 图

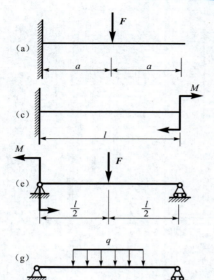

（a）

（b）

（c）

（d）

题 9-9 图

（a）

（b）

题 9-10 图

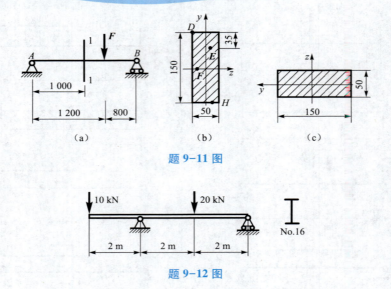

题 9-11 图

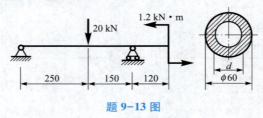

题 9-12 图

9-13　题 9-13 图所示为一空心圆管外伸梁。已知梁的最大正应力 σ_{max} = 150 MPa，外径 D = 60 mm，试求空心圆管的内径 d。

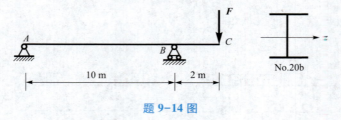

题 9-13 图

9-14　由 No.20b 工字钢制成的外伸梁，在外伸端 C 处作用集中力 F，已知 $[\sigma]$ = 160 MPa，尺寸如题 9-14 图所示，求最大许用载荷 $[F]$。

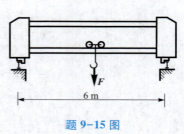

题 9-14 图

9-15　某工厂厂房中的桥式起重设备如题 9-15 图所示。梁为 No.28b 工字钢制成，电动葫芦和起重量总重 F = 30 kN，材料的 $[\sigma]$ = 140 MPa，$[\tau]$ = 100 MPa，试校核梁的强度。

9-16　用叠加法求题 9-16 图所示的各梁中指定截面的挠度和转角，设梁的抗弯刚度 EI_z 为常量。

题 9-15 图

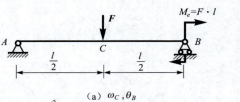

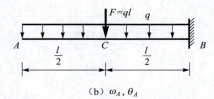

（a）ω_C，θ_B 　　　　　　　　　　（b）ω_A，θ_A

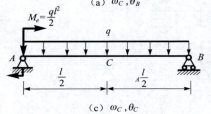

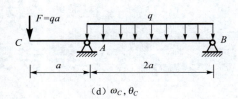

（c）ω_C，θ_C 　　　　　　　　　　（d）ω_C，θ_C

题 9-16 图

9-17　题 9-17 图所示的圆截面简支梁 AB，已知 $d=130$ mm，材料的弹性模量 $E=200$ GPa，梁的许用挠度 $[w]=0.035$ mm，试校核梁的刚度。

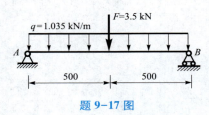

题 9-17 图

第 10 章

组合变形

10.1 概　　述

　　前面讨论了杆件基本变形的强度和刚度计算。本章讨论组合变形时杆件的强度计算。所谓组合变形是指构件受到两种或两种以上基本变形的组合作用。例如图 10-1 所示的悬臂式吊车的横梁 AB，在力 F、F_{Ay} 和 F_{Cy} 作用下发生弯曲变形，同时在 F_{Ax}、F_{Cx} 的作用下发生轴向压缩变形，因此横梁 AB 是弯曲与压缩组合变形；如图 10-2 所示，当横向力作用线不通过轴线时，可将横向力向截面形心简化，得到一力和一力偶，二者分别使圆轴发生弯曲和扭转。因此圆轴是弯曲与扭转组合变形。

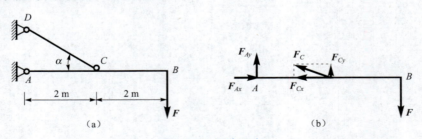

图 10-1　压弯组合

（a）悬臂式吊车横梁；（b）受力图

　　构件组合变形的问题可用叠加原理研究。所谓叠加原理就是指在小变形且材料服从虎克定律的条件下，可认为组合变形中的每一种基本变形都是各自独立的，各基本变形引起的应力和变形互不影响，可分别计算出各基本变形下的应力和变形，再将基本变形的应力和变形叠加，得到组合变形的应力和变形。

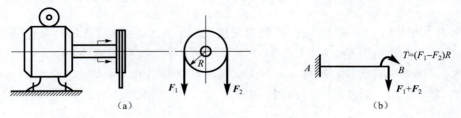

图 10-2 弯扭组合

（a）电动机轴；（b）力学模型

<table>
<tr><td style="width:120px"> </td><td><h1>10.2 拉伸（压缩）与弯曲的组合</h1></td></tr>
</table>

10.2 拉伸（压缩）与弯曲的组合

拉伸（压缩）与弯曲的组合，就是指构件同时承受拉伸（压缩）与弯曲的组合变形。这种情况在工程中是常见的。例如，如图 10-3（a）所示的悬臂式起重机的横梁 *AB*，在横向力 *F*、F_{Ay} 和 F_{By} 作用下发生弯曲，在 F_{Ax}、F_{Bx} 作用下发生轴向压缩，如图 10-3（b）所示。起重机的横梁 *AB* 发生了压弯组合变形，其横截面上各点既有均匀分布的压缩正应力，又有不均匀分布的弯曲正应力，且当 *F* 作用在梁 *AB* 的中点时，是梁的危险状态。分别画出梁的轴力图和弯矩图，如图 10-3（c）、（d），由图可知，梁 *AB* 的中点截面是危险截面。画出危险截面上的应力分布图，然后叠加，如图 10-3（e）所示。根据截面上的应力分布可知，上、下边缘各点为危险点，于是可得出发生拉伸（压缩）与弯曲组合变形时的强度条件为：

$$\sigma_{max} = \frac{|F_N|}{A} + \frac{|M_{max}|}{W_z} \leqslant [\sigma] \qquad (10-1)$$

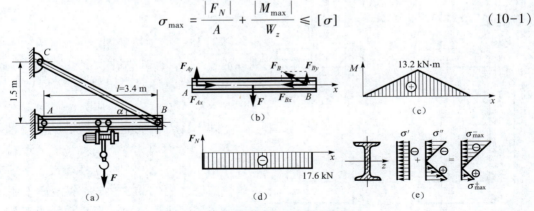

图 10-3 起重机横梁的压弯组合变形

（a）悬臂式起重机的横梁 *AB*；（b）横梁的受力图；（c）横梁的弯矩图；

（d）横梁的轴力图；（e）横梁的应力分布图

当材料抗拉与抗压性能不同时，应分别计算 $\sigma_{l\max}$ 和 $\sigma_{y\max}$，强度条件为

$$\left.\begin{array}{l} \sigma_{l\max} \leqslant [\sigma_l] \\ \sigma_{y\max} \leqslant [\sigma_y] \end{array}\right\}\tag{10-2}$$

例 10-1　如图 10-3（a）所示的悬臂式起重机，最大起吊重量 $F = 15.5$ kN，横梁 AB 为 No. 14 工字钢，许用应力 $[\sigma] = 170$ MPa，不计梁的自重，试校核梁 AB 的强度。

解　（1）横梁 AB 可简化为简支梁，当载荷移动到梁 AB 的中点时，是梁的危险状态。以梁 AB 为研究对象，进行受力分析如图 10-3（b）所示。

列平衡方程，得

$$F_{Ay} = F_{By} = \frac{F}{2} = 7.75 \text{ kN}$$

$$F_{Ax} = F_{Bx} = F_{By}\cot\alpha = 7.75 \times 10^3 \times \frac{3.4}{1.5} = 17.6 \times 10^3 \text{ N} = 17.6 \text{ kN}$$

横向力 $\boldsymbol{F}$、$\boldsymbol{F}_{Ay}$ 和 $\boldsymbol{F}_{By}$ 使梁发生弯曲变形，力 $\boldsymbol{F}_{Ax}$、$\boldsymbol{F}_{Bx}$ 使梁发生轴向压缩变形，因此，梁 AB 发生了压缩与弯曲组合变形。

（2）画出梁 AB 的内力图如图 10-3（c）、（d）所示。由图知，梁 AB 的中间截面为危险截面，其轴力和弯矩分别为

$$F_N = F_{Ax} = 17.6 \text{ kN}$$

$$M_{\max} = \frac{Fl}{4} = \frac{15.5 \times 10^3 \times 3.4}{4} = 13.2 \times 10^3 \text{ N} \cdot \text{m} = 13.2 \text{ kN} \cdot \text{m}$$

（3）校核梁 AB 的强度：由附录型钢表查得 No. 14 工字钢参数有

$$W_z = 102 \text{ cm}^3 \qquad A = 21.5 \text{ cm}^3$$

因钢材抗拉与抗压强度相同，由式（10-1）有

$$\sigma_{\max} = \frac{|F_N|}{A} + \frac{|M|_{\max}}{W_z} = \frac{17.6 \times 10^3}{21.5 \times 10^{-4}} + \frac{13.2 \times 10^3}{102 \times 10^{-6}}$$

$$= 137.6 \times 10^6 \text{ Pa} = 137.6 \text{ MPa} < [\sigma] = 170 \text{ MPa}$$

故梁 AB 满足强度条件，是安全的。

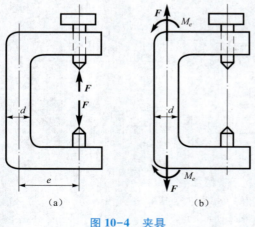

图 10-4　夹具

（a）夹具；（b）立柱受力

例 10-2　试设计图 10-4 所示的夹具立柱的直径 d。已知钻孔力 $F = 15$ kN，偏心距 $e = 300$ mm，立柱材料为铸铁，许用拉应力 $[\sigma_l] = 32$ MPa，许用压应力 $[\sigma_y] = 120$ MPa。

解　将力 F 向立柱轴线简化，得轴向拉力 F 和一个力偶 $M_e = Fe$，故立柱承受拉弯组合作用。轴向拉力 F 在立柱横截面上引起均匀拉应力，力偶 M_e 在立柱横截面上引起线形分布的弯曲正应力。由叠加结果可知，立柱横截面最大拉应力与最大压应力绝对值相等，又因为 $[\sigma_l] < [\sigma_y]$，所以按许用拉应力进行设计。

由拉（压）弯强度条件有

$$\sigma_{max} = \frac{4F}{\pi d^2} + \frac{32Fe}{\pi d^3} \leqslant [\sigma]^{+}$$

$$\frac{4 \times 15 \times 10^3}{\pi d^2} + \frac{32 \times 15 \times 10^3 \times 300}{\pi d^3} \leqslant 32$$

经试算得 $d = 114$ mm。

*10.3　应力状态和强度理论简介

10.3.1　应力状态的概念

通过研究发现在受力构件内一点处所截取的截面方位不同，截面上应力的大小和方向也是不同的。为了更全面地了解杆内的应力情况，为了分析各种破坏现象，必须研究受力构件内某一点处的各个不同方位截面上的应力情况，即研究点的应力状态。过一点处的不同方位的截面称为方位面。所谓一点的应力状态，就是过构件一点所有方位面上的应力集合。

为了描述构件内某点的应力状态，可以在该点处截取一个微小的正六面体即单元体来分析。因为单元体的边长是极其微小的，所以可以认为单元体各个面上的应力是均匀分布的，任意一对相对平行面上的应力大小相等。若令单元体的边长趋于零，则单元体及其面上的应力情况就代表这一点的应力状态。因此，用单元体及其三对互相垂直面上的应力来表示一点的应力状态。图 10-5 表示出了轴向拉杆 A 点的单元体。

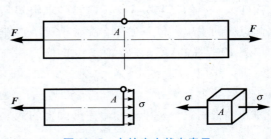

图 10-5　点的应力状态表示

需要强调的是，在确定一点的应力状态取单元体时，应尽量使其三对面上的应力易于确定。

图 10-6 表示剪切弯曲梁上、下边缘处 C 和 C' 点的单元体。由于这些单元体上的应力均可以通过构件上的外载荷求得，所以这些单元体称为原始单元体。

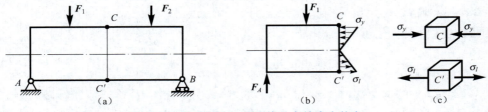

图 10-6　弯曲梁上、下边缘处点的应力状态

（a）弯曲梁；（b）横截面上的应力分布；（c）单元体的应力状态

10.3.2　主平面和主应力

一般来说，原始单元体上各个面上既存在正应力 σ，又存在切应力 τ。主平面就是指单元体上切应力等于零的平面，作用于主平面上的正应力，称为主应力，图 10-5 和图 10-6 中所示的三个单元体的三对面上均没有切应力，所以三对面均为主平面；三对面上的正应力（包括正应力为零）都是主应力。可以证明，在受力构件的任一点处，总可以找到由三个相互垂直的主平面组成的单元体，称为主单元体。相应的三个主应力，分别用 σ_1、σ_2 和 σ_3 表示，并规定按它们的代数值大小顺序排列，即 $\sigma_1 \geqslant \sigma_3 \geqslant \sigma_3$。图 10-5 和图 10-6 中的三个单元体均为主单元体。

10.3.3　应力状态的分类

一点的应力状态通常用该点处的三个主应力来表示，根据主应力不等于零的数目，将应力状态分为三类：

（1）单向应力状态：一个主应力不为零的应力状态。

（2）二向应力状态：两个主应力不为零的应力状态，也称平面应力状态。

（3）三向应力状态：三个主应力都不等于零的应力状态，也称空间应力状态。

单向应力状态又称简单应力状态，二向和三向应力状态又称为复杂应力状态。

10.3.4　二向应力状态分析简介

工程上许多受力构件的危险点都是处于二向应力状态。应力状态分析的目的是：根据已知构件上一点的某些截面上的应力，求出相应的三个主应力的大小和决定主平面的方位，找出此点处的主单元体，为组合变形情况下构件的强度计算建立理论基础。

图 10-7（a）所示单元体为二向应力状态的最一般的情况。由于垂直于 z 轴的两平面上没有应力作用，即为主平面，该主平面上的主应力为零，因此，该单元体也可用图 10-7（b）的平面状态表示。设单元体各面上的应力 σ_x、σ_y 和 τ_x、τ_y 均为已知，二向应力状态主应力和主平面由分析可得两个主平面上的最大正应力和最小正应力为

$$\left.\begin{matrix}\sigma_{\max}\\\sigma_{\min}\end{matrix}\right\} = \frac{\sigma_x + \sigma_y}{2} \pm \sqrt{\left(\frac{\sigma_x - \sigma_y}{2}\right)^2 + \tau_x^2} \tag{10-3}$$

利用式（10-3）应注意符号的规定：正应力以拉应力为正，压应力为负；切应力以对单元体内任一点产生顺时针转向的力矩时为正，反之为负。

在平面应力状态下，已知一个主应力为零，则可根据 $\sigma_{\max}$ 和 $\sigma_{\min}$ 代数值的大小，按 $\sigma_1 \geqslant \sigma_2 \geqslant \sigma_3$ 排列次序，定出平面应力状态下的三个主应力。

而两个主平面的方位可由下式得出：

$$\tan 2\alpha_0 = -\frac{2\tau_x}{\sigma_x - \sigma_y} \tag{10-4}$$

上式可确定 α_0 的两个数值：α_0 和 $\alpha_0 + 90°$。这表明单元体上取得极大值和极小值的两个平面是相互垂直的，两个平面上的正应力也必相互垂直。在主平面上标注主应力可按下列规则进行：$\sigma_{\max}$ 的作用线位置总是在 τ_x、τ_y 矢量箭头所指的那一侧，如图 10-7（d）所示，据

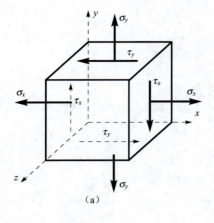

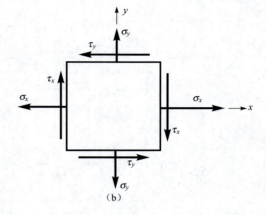

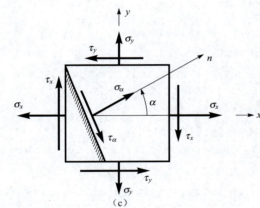

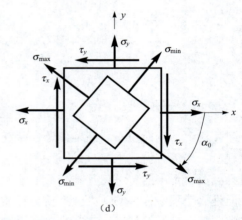

图 10-7　二向应力状态分析

（a）二向应力状态的单元体；（b）平面状态；（c）二向应力状态主应力和主平面；
（d）主单元体的确定

此可以作出平面应力状态下的主单元体。

平面应力状态和空间应力状态都是复杂应力状态。理论分析证明，在复杂应力状态下，单元体上最大切应力的值为

$$\tau_{\max} = \frac{\sigma_1 - \sigma_3}{2} \qquad (10-5)$$

其作用面与最大主应力 σ_1 和最小主应力 σ_3 的所在平面均成 45°，且与主应力 σ_2 所在平面垂直，如图 10-8 所示。

对塑性材料（如低碳钢）制成的圆轴，由于塑性材料的抗剪强度低于抗拉强度，扭转时沿横截面破坏，如图 10-9（c）所示；对脆性材料（如铸铁）制成的圆轴，由于脆性材料的抗拉强度较低，扭转时沿与轴线 45°方向破坏，如图 10-9（d）所示。

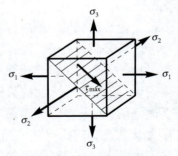

图 10-8　复杂应力状态的
最大切应力

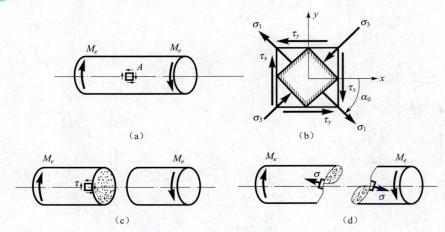

图 10-9   低碳钢和铸铁的扭转破坏

（a）圆轴扭转；（b）应力状态分析；（c）塑性材料圆轴扭转破坏；

（d）脆性材料圆轴扭转破坏

10.3.5　强度理论简介

前几章中，轴向拉压、圆轴扭转和平面弯曲的强度条件，可用 $\sigma_{\max} \leqslant [\sigma]$ 或 $\tau_{\max} \leqslant [\tau]$ 形式表示，许用应力 $[\sigma]$ 或 $[\tau]$ 是通过材料实验测出失效（断裂或屈服）时的极限应力再除以安全因数后得出的，可见基本变形的强度条件是以实验为基础的。

但是，工程中构件的受力形式较为复杂，构件中的危险点常处于复杂应力状态。如果想通过类似基本变形的材料试验方法，测出失效时的极限应力是极其困难的。主要原因是：在复杂应力状态下，材料的失效与三个主应力的不同比例组合有关，从而需要进行无数次的试验；另外，模拟构件的复杂受力形式所需的设备和实验方法也难以实现。所以，要想直接通过材料试验的方法来建立复杂应力状态下的强度条件是不现实的。于是，人们在试验观察、理论分析和实践检验的基础上，逐渐形成了这样的认识：材料按某种方式的失效（如断裂或屈服）主要是由某一因素（如应力、应变或变形能等）引起的，与材料的应力状态无关，只要导致材料失效的这一因素达到极限值，构件就会破坏。这样，人们找到了一条利用简单应力状态的实验结果来建立复杂应力状态下强度条件的途径。这些推测材料失效因素的假说称为强度理论。

材料失效破坏现象，可以归纳为两类基本形式：铸铁、石料、混凝土和玻璃等脆性材料，通常以断裂形式失效；碳钢、铜和铝等塑性材料，通常以屈服形式失效。相应的有两类强度理论：一类是关于脆性断裂的强度理论，其中有最大拉应力理论；一类是关于塑性屈服的强度理论，其中有最大切应力理论和形状改变比能理论。

下面分别介绍三种强度理论及其相当应力。

1. 最大拉应力理论（第一强度理论）

这一理论认为：材料无论处在什么样的应力状态下，只要发生脆性断裂，其主要原因是最大拉应力达到了与材料性质有关的某一极限值。在复杂应力状态下最大拉应力即为 σ_1；

而单向拉伸时只有 σ_1，当 σ_1 达到强度极限 σ_b 时发生断裂，根据这一理论，即有

$$\sigma_1 = \sigma_b$$

考虑到一定的强度储备，于是得到第一强度理论的强度设计准则为

$$\sigma_1 \leqslant \frac{\sigma_b}{n} = [\sigma] \qquad (10-6)$$

2. 最大切应力理论（第三强度理论）

这一理论认为：材料无论处在什么样的应力状态下，只要发生塑性屈服，其主要原因是最大切应力达到了与材料性质有关的某一极限值。在复杂应力状态下，最大切应力为 $\tau_{max} = \dfrac{\sigma_1 - \sigma_3}{2}$；而在单向拉伸到屈服时，与轴线成 $45°$ 的斜截面上有 $\tau_{max} = \dfrac{\sigma_s}{2}$，根据这一理论，即有

$$\frac{\sigma_1 - \sigma_3}{2} = \frac{\sigma_s}{2} \text{ 或 } \sigma_1 - \sigma_3 = \sigma_s$$

于是得到第三强度理论的强度设计准则为

$$\sigma_1 - \sigma_3 \leqslant \frac{\sigma_s}{n} = [\sigma] \qquad (10-7)$$

3. 形状改变比能理论（第四强度理论）

构件受力后，其形状和体积都会发生改变，同时构件内部也积蓄了一定的变形能。积蓄在单位体积内的变形能称为形状改变比能。这一理论认为：材料无论处在什么样的应力状态下，只要发生塑性屈服，其主要原因是形状改变比能达到其单向拉伸屈服时的极限值。

可以证明，复杂应力状态下的形状改变比能为

$$u_d = \frac{1 + \mu}{6E} \left[(\sigma_1 - \sigma_2)^2 + (\sigma_2 - \sigma_3)^2 + (\sigma_3 - \sigma_1)^2 \right]$$

而单向拉伸屈服时的形状改变比能为

$$u_d = \frac{1 + u}{3E} \sigma_s^2$$

于是得到第四强度理论的强度设计准则为

$$\sqrt{\frac{1}{2} \left[(\sigma_1 - \sigma_2)^2 + (\sigma_2 - \sigma_3)^2 + (\sigma_3 - \sigma_1)^2 \right]} \leqslant \frac{\sigma_s}{n} = [\sigma] \qquad (10-8)$$

三种强度理论的强度设计准可以用统一的形式来表达：

$$\sigma_r \leqslant [\sigma] \qquad (10-9)$$

式中 σ_r 称为相当应力。它由三个主应力按一定的形式组合而成。

材料的失效是一个极其复杂的问题，四种常用的强度理论都是在一定的历史条件下产生的，受到经济发展和科学技术水平的制约，都有一定的局限性。大量的工程实践和试验结果表明，上述四种强度理论的适用范围与材料的类别和应力状态等有关，一般认为脆性材料通常以断裂形式失效，宜采用第一理论。塑性材料通常以屈服形式失效，宜采用第三或第四强度理论。

10.4 弯曲与扭转组合变形

实际工程中的转轴，一般都在弯曲与扭转的组合作用下工作。在弯曲和扭转的共同作用下，圆轴的横截面上必然产生弯曲正应力和扭转切应力。现以图 10-10（a）所示电动机转轴为例，讨论弯曲与扭转的强度计算。轴的外伸端装一皮带轮，两边的皮带拉力分别为 F_{T1} 和 $F_{T2}(F_{T1}>F_{T2})$，轮的自重不计。

1. 外力向杆件截面形心简化

先把皮带拉力 F_{T1} 和 F_{T2} 分别向 B 截面圆心平移，得到一个作用在 E 点的合力 $F = F_{T1}+F_{T2}$ 和一个作用在 B 端面的力偶 $M_1 = (F_{T1}-F_{T2})\dfrac{D}{2}$，如图 10-10（b）所示。力 F 引起弯曲，力偶 M_1 引起扭转，可知轴 AB 受弯曲与扭转的组合作用。

2. 画内力图确定危险截面

画出弯扭组合作用下圆轴的弯矩图和扭矩图，如图 10-10（c）、（d）所示。可以看出，E 截面是危险截面。

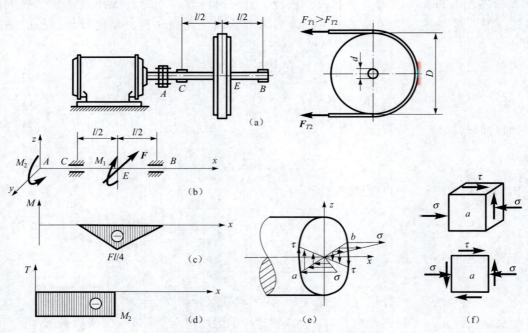

图 10-10 轴的弯曲与扭转组合变形

（a）电动机转轴；（b）力学模型；（c）弯矩图；（d）扭矩图；
（e）应力分布图；（f）危险点的应力状态

3. 确定危险点建立强度条件

画出危险截面 E 上弯曲正应力和扭转切应力分布图，如图 10-10（e）所示，该截面上的前、后边缘 a、b 两点的弯曲正应力和扭转切应力同时达到最大值，所以 a、b 两点为危险截面 E 上的危险点。以 a 点为例，取 a 点的原始单元体，如图 10-10（f），其应力状态为平面应力状态，且有

$$\sigma = \frac{M}{W_z} \qquad \tau = \frac{T}{W_p}$$

一般受弯曲与扭转的组合作用的转轴，由塑性材料制成，故可用第三强度理论或第四强度理论设计准则作为强度设计的依据。按照第三强度理论和第四强度理论的强度条件，将 σ 和 τ 的表达式代入式（10-7）和式（10-8），并注意到有 $W_p = 2W_z$，得

$$\sigma_{r3} = \frac{\sqrt{M^2 + T^2}}{W_z} \leqslant [\sigma] \qquad (10-10)$$

$$\sigma_{r4} = \frac{\sqrt{M^2 + 0.75T^2}}{W_z} \qquad (10-11)$$

需要强调的是，式（10-10）和（10-11）只适用于塑性材料制成的圆截面杆在弯曲与扭转组合变形时的强度计算。当圆轴在两个互相垂直的平面内弯曲与扭转的组合变形时，式（10-10）和（10-11）中的 M 在圆轴两个互相垂直的平面内弯曲时，由同一截面的弯矩合成得到，即 $M^2 = M_y^2 + M_z^2$。上式可以进行强度校核，也可以用来进行截面设计和确定许用载荷。

例 10-3　图 10-11（a）所示传动轴 AB，通过作用在联轴器上的力偶 M 带动，再通过皮带轮 C 输出。已知皮带轮直径 $D = 500$ mm，皮带紧边拉力 $F_1 = 8$ kN，皮带松边拉力 $F_2 = 4$ kN，轴直径 $d = 90$ mm，$a = 500$ mm，材料许用应力 $[\sigma] = 50$ MPa，试按第四强度理论校核轴的强度。

解　（1）外力分析。将作用在皮带轮上的拉力 F_1 和 F_2 向截面形心简化，结果如图 10-11（b）所示。可以看出，此轴属于弯扭组合变形。

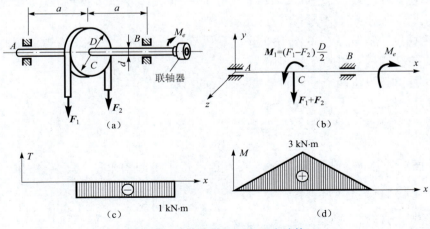

图 10-11　轴的弯扭组合强度计算

（a）转轴 AB；（b）力学模型；（c）轴的扭矩图；（d）轴的弯矩图

根据轴的力偶平衡条件得

$$M_e = M_1 = \frac{F_1 D}{2} - \frac{F_2 D}{2} = \frac{(F_1 - F_2)D}{2} = \frac{(8-4) \times 10^3 \times 0.5}{2} = 1 \times 10^3 \text{ N} \cdot \text{m}$$

传动轴受垂直向下的合力为

$$F_1 + F_2 = 8 + 4 = 12 \text{ kN}$$

（2）内力分析。分别画出轴的弯矩图和扭矩图，如图 10-11（c）、（d），由内力图可以判断皮带轮右侧截面为危险截面。危险截面上的弯矩和扭矩的数值分别为

$$M = 3 \text{ kN} \cdot \text{m}, \quad T = 1 \text{ kN} \cdot \text{m}$$

（3）强度校核。危险截面的上、下边缘点是危险点，按第四强度理论，由式（10-11）得

$$\sigma_{r4} = \frac{\sqrt{M^2 + 0.75T^2}}{W_Z} = \frac{32\sqrt{M^2 + 0.75T^2}}{\pi d^3} = \frac{32\sqrt{(3^2 + 0.75 \times 1^2) \times 10^6}}{\pi(90 \times 10^{-3})^3}$$

$$= 42.8 \times 10^6 \text{ Pa} = 42.8 \text{ MPa} < [\sigma] = 50 \text{ MPa}$$

由计算结果可知，该轴均满足强度要求。

例 10-4 电动机驱动斜齿轮轴转动，轴的直径 $d = 25$ mm，轴的许用应力 $[\sigma] = 150$ MPa，斜齿轮的分度圆直径 $D = 500$ mm。斜齿轮啮合力的三个分力是：圆周力 $F_t = 1\,900$ N，径向力 $F_r = 740$ N，轴向力 $F_a = 660$ N，如图 10-12（a）所示，按第三强度理论校核轴的强度。

解 （1）外力分析。把作用在齿轮边缘上的圆周力 F_t 和轴向力 F_a 平移到轴线上，径向力 F_r 滑移到轴线上，并去掉齿轮得到 AB 轴的受力简图，如图 10-12（b）所示。平移后得附加力偶矩为

$$m_{Ft} = \frac{F_t D}{2} = 1\,900 \times 100 = 19 \times 10^4 \text{ N} \cdot \text{mm}$$

$$m_{Fa} = \frac{F_a D}{2} = 660 \times 100 = 66 \times 10^3 \text{ N} \cdot \text{mm}$$

可见，圆轴 AB 在径向力 F_r 和附加力偶矩 M_{Fa} 的作用下发生铅垂面上的弯曲；圆轴 AB 在圆周力 F_t 的作用下发生水平面上的弯曲；圆轴的 CB 段在附加力偶矩 m_{Ft} 和电动机驱动力偶的共同作用下发生扭转，AC 段却没有扭转变形。

圆轴的 AC 段在轴向力 F_a 的作用下发生压缩变形，但由于它的正应力比弯曲正应力小得多，所以一般都不予考虑。

即圆轴的 CB 段发生两个平面的弯曲与扭转的组合变形。

（2）内力分析。

① 扭转。圆轴 CB 段的扭矩力矩处处相等，如图 10-12（c）、（d）所示，为

$$T = m_{Ft} = m = 19 \times 10^4 \text{ N} \cdot \text{mm}$$

② 铅垂面上的弯曲。先由静力学平衡方程求得轴承的约束反力，如图 10-12（f）所示，为

$$R_{Ay} = 920 \text{ N} \quad R_{By} = -180 \text{ N}$$

所以中央截面 C 的左右两侧弯矩分别为

$$M_{Cy}^- = 60 \times R_{Ay} = 552 \times 10^2 \text{ N} \cdot \text{mm}$$

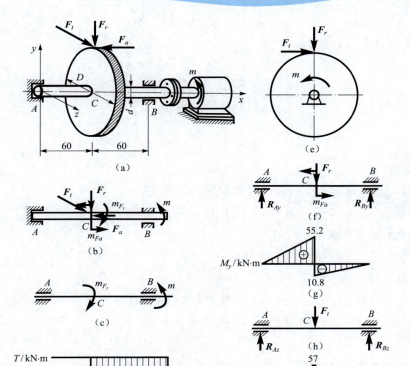

图 10-12　斜齿轮轴传动

（a）电动机驱动斜齿轮轴；（b）力学模型（c）扭转变形；（d）扭矩图；（e）侧视图；
（f）铅垂面的弯曲；（g）铅垂面的弯矩图；（h）水平面的弯曲；（i）水平面的弯矩图

$$M_{Cy}^+ = 60 \times R_{By} = -108 \times 10^2 \text{ N} \cdot \text{mm}$$

由此可画出铅垂面上的弯矩图，如图 10-12（g）所示。

③ 水平面上的弯曲。最大弯矩为

$$M_{Cz} = \frac{F_t(60 + 60)}{4} = \frac{1900 \times 120}{4} = 57 \times 10^3 \text{ N} \cdot \text{mm}$$

由此可画出水平面上的弯矩图，如图 10-12（i）所示。

由以上分析可知，轴的中央截面 C 偏右处为危险截面。

（3）强度计算。由于圆轴发生的是两个平面上的弯曲，所以两个弯矩 M_{Cy}^+ 和 M_{Cz} 不可求代数和，而应求矢量和，即

$$M_C^+ = \sqrt{(M_{Cy}^+)^2 + (M_{Cz})^2} = \sqrt{(-108 \times 10^2)^2 + (57 \times 10^3)^2}$$
$$= 58 \times 10^3 \text{ N} \cdot \text{mm}$$

按第三强度理论的强度条件式（10-10）可得

$$\sigma_{r3} = \frac{\sqrt{M^2 + T^2}}{W_z} = \frac{\sqrt{(58 \times 10^3)^2 + (190 \times 10^3)^2}}{\dfrac{\pi \times 25^3}{32}}$$

$$= 130 \text{ MPa} < [\sigma] = 150 \text{ MPa}$$

所以，此轴有足够的强度。

小　结

本章的主要内容有：

（1）用叠加法求解组合变形杆件强度问题的步骤是：

① 对杆件进行受力分析，确定杆件是由哪些基本变形的组合。

② 分别画出各基本变形的内力图。

③ 确定危险截面上危险点的应力分布。

④ 运用强度理论进行计算。

（2）拉伸或压缩与弯曲组合变形的塑性材料的强度条件为

$$\sigma_{max} = \frac{|F_N|}{A} + \frac{|M_{max}|}{W_z} \leqslant [\sigma]$$

（3）弯曲与扭转组合变形塑性材料圆轴的强度条件为

$$\sigma_{r3} = \frac{\sqrt{M^2 + T^2}}{W_z} \leqslant [\sigma]$$

$$\sigma_{r4} = \frac{\sqrt{M^2 + 0.75T^2}}{W_z}$$

对于两个互相垂直的平面内弯曲与扭转的组合变形，则有 $M^2 = M_y^2 + M_z^2$。

（4）一点处的应力状态是指受力构件某点处在各个不同方位截面上的应力情况。一点处的应力状态可采用单元体来表示。过受力构件的某点，总可以找到一个主单元体，其上作用着三个主应力 $\sigma_1 \geqslant \sigma_2 \geqslant \sigma_3$。它是解释材料失效和建立强度理论的基础。

主应力公式：

$$\left.\begin{array}{r} \sigma_{max} \\ \sigma_{min} \end{array}\right\} = \frac{\sigma_x + \sigma_y}{2} + \sqrt{\left(\frac{\sigma_x - \sigma_y}{2}\right)^2 + \tau_x^2}$$

主平面位置公式：

$$\tan 2\alpha_0 = -\frac{2\tau_x}{\sigma_x - \sigma_y}$$

最大切应力公式：

$$\tau_{max} = \frac{\sigma_1 - \sigma_3}{2}$$

（5）强度理论就是关于材料失效原因的假说。它利用单向拉伸的实验结果来建立复杂应力状态下的强度条件：

$$\sigma_r \leqslant [\sigma]$$

第一、三和第四强度理论的相当应力分别为

$$\sigma_{r1} = \sigma_1$$

$$\sigma_{r3} = \sigma_1 - \sigma_3$$

$$\sigma_{r4} = \sqrt{\frac{1}{2}\left[(\sigma_1 - \sigma_2)^2 + (\sigma_2 - \sigma_3)^2 + (\sigma_3 - \sigma_1)^2\right]}$$

其适用范围主要取决于材料的类别：对脆性材料用第一强度理论；对塑性材料用第三和第四强度理论。

思考题和习题

10-1　当杆件发生拉压与弯曲的组合变形时，如何计算最大正应力？

10-2　为什么拉弯组合变形时只需校核拉应力强度，而压弯组合变形时脆性材料要同时校核压应力强度和拉应力强度？

10-3　什么是一点的应力状态？如何表示一点的应力状态？为什么要研究一点的应力状态？

10-4　如何理解主应力？三个主应力如何排序？主应力和正应力有何区别？

10-5　为什么要提出强度理论？常用的强度理论是什么？它们的适用范围如何？

10-6　压力机机架材料为铸铁，其受力情况如题 10-6 图所示。从强度方面考虑，其横截面 m—m 采用 (a)、(b)、(c) 哪种截面形状合理？为什么？

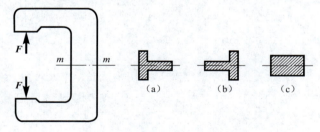

题 10-6 图

10-7　T 形截面铸铁悬臂梁受力如题 10-7 图所示，力 F 作用线沿铅垂方向。试从提高强度的角度分析，在图中所示的两种放置方式中选择哪一种最合理，为什么？

题 10-7 图

10-8　题 10-8 图所示的简支梁为 No. 22a 工字钢。已知 $F = 100\ \text{kN}$，$l = 1.2\ \text{m}$，材料的许用应力 $[\sigma] = 160\ \text{MPa}$，试校核梁的强度。

10-9　题 10-9 图所示一简易起重机，已知电动葫芦自重和起吊的重量总和 $F = 16\ \text{kN}$，横梁 AB 采用工字钢，许用应力 $[\sigma] = 120\ \text{MPa}$，梁的长度 $l = 3.4\ \text{m}$，试选择横梁 AB 的工字钢型号。

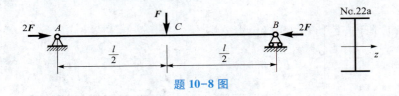

题 10-8 图

10-10 一钢制构件，已知 $[\sigma] = 120$ MPa，试校核该构件的强度。危险点的主应力为：

（1）$\sigma_1 = -50$ MPa，$\sigma_2 = -70$ MPa，$\sigma_3 = -160$ MPa；

（2）$\sigma_1 = 60$ MPa，$\sigma_2 = 0$，$\sigma_3 = -50$ MPa。

10-11 某铸铁构件危险点的应力状态如题 10-11 图所示，试校核其强度。已知铸铁的许用拉应力 $[\sigma] = 40$ MPa。

10-12 题 10-12 图所示折杆的 AB 段为圆截面，AB 垂直 CB，已知杆 AB 直径 $d = 100$ mm，材料的许用应力 $[\sigma] = 80$ MPa，试按第三强度理论由杆 AB 的强度条件确定许用载荷 $[F]$。

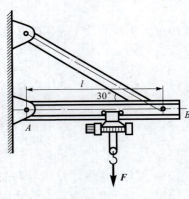

题 10-9 图

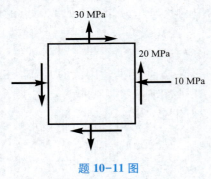

题 10-11 图

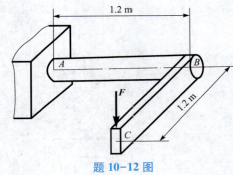

题 10-12 图

10-13 如题 10-13 图所示，已知圆片铣刀的切削力 $F_t = 2$ kN，$F_r = 0.8$ kN，圆片铣刀的直径 $D = 90$ mm，铣刀轴材料的许用应力 $[\sigma] = 100$ MPa，试按第三强度理论设计铣刀轴的直径 d。

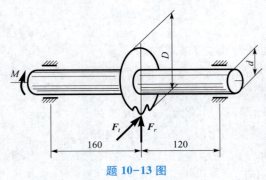

题 10-13 图

10-14　题 10-14 图所示转轴传递的功率 $P = 8$ kW，转速 $n = 50$ r/min，轮 A 带的张力沿水平方向，轮 B 带的张力沿竖直方向，两轮的直径均为 $D = 1$ m，重力均为 $G = 5$ kN，带张力 $F_T = 3F_t$，轴材料的许用应力 $[\sigma] = 90$ MPa，轴的直径 $d = 70$ mm，试按第三强度理论校核轴的强度。

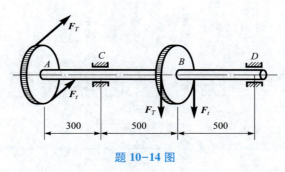

题 10-14 图

第 11 章
压杆稳定性问题

细长杆受压时，会出现与强度、刚度失效全然不同的失效现象。因此，对于轴向拉压杆件，除应考虑其强度与刚度问题外，还应考虑其稳定性问题。本章将介绍压杆稳定性概念、细长压杆临界载荷和临界应力的计算方法，以及压杆稳定性的校核和提高压杆稳定性的措施。

11.1　压杆稳定性概念

受拉低碳钢杆件的应力在达到屈服点或抗拉强度时，即发生塑性变形或断裂，而受压的低碳钢或铸铁短柱在压到一定程度，也有类似的现象发生，这就是杆件的强度、刚度失效。但对于细长的杆件在受压时，却表现出与前全然不同的现象。

例如，一根较长的竹竿受压时，开始轴线为直线，接着被压弯而发生明显的弯曲变形，最后折断。如图 11-1 所示的两端铰支的细长压杆，当轴向压力 F 逐渐增大，但在小于某一极限值时，杆件一直保持直线形状的平衡形式；如果从横向施加很微小的侧向干扰力，则会产生轻微弯曲，如图 11-1（a），但当干扰力解除后，它仍能恢复直线形状，如图 11-1（b）。这表明直线形状的平衡是稳定的。而当压力 F 再增大到某一极限值时，压杆直线形状的平衡就变为不稳定。这时，用微小的侧向干扰力使之轻微弯曲，在干扰力解除后，就不再恢复原来的直线形状而保持曲线形状的平衡如图 11-1（c）。上述压力 F 的极限值称为细长压杆的临界载荷或临界压力，记为 F_{cr}。压杆在临界载荷的作用下失去了直线平衡而转为曲线平衡。这种由于构件平衡形式的突然转变而引起的失效称之为失稳。压杆失稳后，压力的微小增加将会导致杆件的弯曲变形显著加大，从而丧失原设计的承受载荷的能力，加之这种

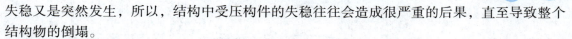

失稳又是突然发生，所以，结构中受压构件的失稳往往会造成很严重的后果，直至导致整个结构物的倒塌。

与细长压杆的失稳相似，其他形状的受力构件也会发生失稳现象，例如狭长的板条式梁在平面内弯曲时（见图 11-2）会因载荷达到临界值而发生侧向弯曲，并伴随扭转，这也是稳定性不足而引起的失效。

压杆的失稳不同于压杆的强度失效。根据压杆的强度准则，压杆可承受 $F \leqslant A[\sigma]$ 的载荷，但对于轴向受压的细长杆，则远不能承受这么大的载荷，在轴向压力 F 远小于 $A[\sigma]$ 时，杆就会弯曲而折断，也就是压杆的破坏并不是由于抗压强度不足而是由于稳定性不足所致。

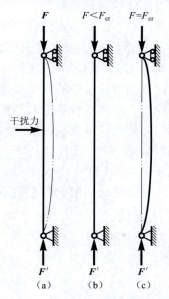

压杆不稳定

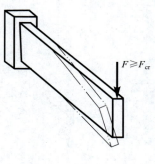

图 11-1　细长杆受压变形
（a）轻微弯曲；（b）恢复；（c）不再恢复

图 11-2　狭长板条的受压失稳

11.2　压杆的临界载荷和临界应力

11.2.1　临界载荷的欧拉公式

临界载荷是使压杆保持直线平衡状态的最大载荷。确定压杆临界载荷的方法比较多，用"静力方法"导出的两端铰支、等截面细长压杆（图 11-3）的临界载荷计算公式为

$$F_{cr} = \frac{\pi^2 EI}{l^2}$$

此式最早由瑞士数学家欧拉于 1744 年提出，通常称临界载荷的欧拉公式。

由上式可以看出，压杆的临界载荷 F_{cr} 与杆的弯曲刚度 EI 成正比，与杆的长度 l 平方成

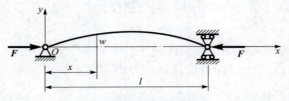

图 11-3　两端铰支、等截面细长压杆的临界载荷

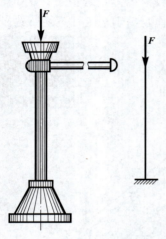

图 11-4　受压螺杆

反比。但应当注意，有时可能需要计算几个方向失稳时的临界载荷，应取其中最小者作为压杆的临界载荷。

在工程实际中，除上述两端为铰支的压杆外，还可能遇到有其他支座形式的压杆。例如千斤顶的受压螺杆（图11-4），其下端可简化为固定端，而上端因可与顶起的重物一同作侧向位移，故简化为自由端。这样的细长压杆的支座条件就是一端自由而另一端固定。由于杆端支座对压杆变形起约束作用，不同支座形式对压杆变形的约束作用是不同的，因此其临界载荷值必然会不同。这里将几种常见的不同支座条件下的等截面细长压杆的临界载荷公式列于表 11-1 中。由表中可以看到，在各临界载荷的欧拉公式中，只是分母中前面的系数不同，因此将各临界载荷的欧拉公式统一写成

$$F_{cr} = \frac{\pi^2 EI}{(\mu l)^2} \qquad (11-1)$$

式中　μl——计算长度；

　　　μ——长度系数。

式（11-1）即为欧拉公式的普遍形式。

表 11-1　不同支座条件下等截面细长压杆的临界载荷公式

支座条件	两端铰支	一端固定，一端自由	一端固定，一端可上下移动（不能转动）	一端固定，一端铰支
临界载荷公式	$F_{cr} = \dfrac{\pi^2 EI}{l^2}$	$F_{cr} = \dfrac{\pi^2 EI}{(2l)^2}$	$F_{cr} = \dfrac{\pi^2 EI}{(0.5l)^2}$	$F_{cr} = \dfrac{\pi^2 EI}{(0.7l)^2}$
计算长度	l	$2l$	$0.5l$	$0.7l$
长度系数	$\mu = 1$	$\mu = 2$	$\mu = 0.5$	$\mu = 0.7$

11.2.2　临界应力的欧拉公式

压杆在临界载荷的作用下保持直线平衡状态时，其横截面上的平均应力称为压杆的临界应力，用 σ_{cr} 表示，即

$$\sigma_{cr} = \frac{F_{cr}}{A} = \frac{\pi^2 E}{(\mu l)^2} \cdot \frac{I}{A}$$

式中　A——压杆的横截面面积。

若令 $\dfrac{I}{A} = i^2$，这里 i 为惯性半径，于是上式可写为

$$\sigma_{cr} = \frac{\pi^2 E}{\left(\dfrac{\mu l}{i}\right)^2}$$

引用无量纲记号 λ，λ 称为柔度，即

$$\lambda = \frac{\mu l}{i} \tag{11-2}$$

于是可得计算临界应力的公式为

$$\sigma_{cr} = \frac{\pi^2 E}{\lambda^2} \tag{11-3}$$

式（11-3）为欧拉公式（11-1）的另一种表达形式。这两种不同的表达形式并无本质上的区别。它们都是在材料服从虎克定律的基础上导出的。式中，λ 综合地反映了压杆长度、截面形状与尺寸，以及支承情况对临界应力的影响。另从式中还可看到，当 E 值一定时，σ_{cr} 与 λ^2 成反比，这表明，由一定材料制成的压杆，临界载荷仅仅决定于长细比，λ 值越大，σ_{cr} 越小。

11.2.3　欧拉公式的适用范围

因为欧拉公式是根据挠曲线近似微分方程建立的，只有在线弹性范围内才是适用的，即该方程仅适用于压杆横截面上的应力不超过材料的比例极限 σ_p 的情况，所以欧拉公式（11-1）或（11-3）的适用范围为

$$\sigma_{cr} = \frac{\pi^2 E}{\lambda^2} \leqslant \sigma_p \ \text{或} \ \lambda \geqslant \pi\sqrt{\frac{E}{\sigma_p}}$$

若令

$$\lambda_p = \pi\sqrt{\frac{E}{\sigma_p}}$$

则上述适用范围又可写成

$$\lambda \geqslant \lambda_p = \pi\sqrt{\frac{E}{\sigma_p}}$$

λ_p 是对应于材料的比例极限 σ_p 的柔度值，不同材料的压杆，其 λ_p 数值不同。例如对于 Q235 钢，已知 $E = 2.06 \times 10^5$ MPa，$\sigma_p = 200$ MPa，将其代入上式得

$$\lambda_p = \pi\sqrt{\frac{E}{\sigma_p}} = \pi\sqrt{\frac{2.06 \times 10^5}{200}} \approx 100$$

这说明由 Q235 钢制成的压杆，只有当 $\lambda_p \geqslant 100$ 时，才可以使用欧拉公式。其他材料的 λ_p 值可参见表 11-2。

11.2.4　压杆按柔度分类及临界载荷的计算

根据柔度的大小，将压杆分为三类：

（1）大柔度杆。对于满足条件 $\lambda \geq \lambda_p$ 的压杆，通常称为大柔度杆。大柔度杆用欧拉公式计算其临界载荷，即 $F_{cr} = \sigma_{cr} \cdot A$，其中 σ_{cr} 用式（11-3）计算。

（2）中柔度杆。满足下列条件的压杆称为中柔度杆：

$$\lambda_s \leq \lambda < \lambda_p$$

式中 λ_s 按下式计算：

$$\lambda_s = \frac{a - \sigma_s}{b}$$

式中　σ_s——材料的屈服极限；

a 和 b——与材料力学性能有关的常数，MPa。

几种常用材料的 a 和 b 值由表 11-2 列出。

中柔度压杆一般采用直线公式计算其临界载荷。直线公式是经过大量的实验分析而建立起来的经验公式。该公式的一般表达式为

$$\sigma_{cr} = a - b\lambda \tag{11-4}$$

中柔度压杆临界载荷为

$$F_{cr} = \sigma_{cr} \cdot A$$

表 11-2　几种常用材料的直线公式常数 a、b 值和柔度 λ_p、λ_s

材　料	a/MPa	b/MPa	λ_p	λ_s
硅　钢	577.0	3.740	100	60
优质钢	461.0	2.568	86	44
铬钼钢	980.0	5.290	55	0
硬　铝	372.0	2.140	50	0
铸　铁	332.2	1.453	—	—
松　木	28.7	0.199	59	—

（3）小柔度杆。对于满足条件 $\lambda < \lambda_s$ 的压杆，称为小柔度杆。小柔度杆一般不发生失稳，而发生屈服（塑性材料）或脆性断裂（脆性材料）。因此，其临界应力的表达式为

$$\sigma_{cr} \begin{cases} \sigma_s（塑性材料）\\ \sigma_b（脆性材料） \end{cases} \tag{11-5}$$

例 11-1　由 Q235 钢制成的矩形截面杆，其受力和两端约束情况如图 11-5 所示，图中上图为主视图，下图为俯视图，在杆的两端 A、B 处为销钉连接。若已知 $l = 2\,300$ mm，$b = 40$ mm，$h = 60$ mm，材料的弹性模量 $E = 205$ GPa，试求此杆的临界载荷。

解　压杆 AB 左右两端为销钉连接，它与球铰约束不同。在主视图平面内弯曲时，两端可以自由转动，相当于铰链；而在俯视

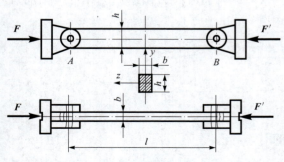

图 11-5　矩形截面杆的受力和约束

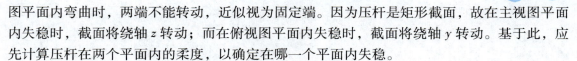

图平面内弯曲时，两端不能转动，近似视为固定端。因为压杆是矩形截面，故在主视图平面内失稳时，截面将绕轴 z 转动；而在俯视图平面内失稳时，截面将绕轴 y 转动。基于此，应先计算压杆在两个平面内的柔度，以确定在哪一个平面内失稳。

在主视图平面内，取长度系数 $\mu=1$，压杆的柔度为

$$\lambda_z = \frac{\mu l}{i_z} = \frac{\mu l}{\sqrt{\dfrac{I_z}{A}}} = \frac{\mu l}{\dfrac{h}{2\sqrt{3}}} = \frac{1 \times 2\,300 \times 10^{-3} \times 2 \times \sqrt{3}}{60 \times 10^{-3}} = 132.8$$

在俯视图平面内，取长度系数 $\mu=0.5$，压杆的柔度为

$$\lambda_z = \frac{\mu l}{i_y} = \frac{\mu l}{\sqrt{\dfrac{I_y}{A}}} = \frac{\mu l}{\dfrac{h}{2\sqrt{3}}} = \frac{0.5 \times 2\,300 \times 10^{-3} \times 2 \times \sqrt{3}}{40 \times 10^{-3}} = 99.6$$

因 $\lambda_z > \lambda_y$，压杆首先在主视图平面内失稳，而在此平面内 $\lambda_z > \lambda_p = 100$ 为细长杆，故临界载荷为

$$F_{cr} = \sigma_{cr} A = \frac{\pi^2 E}{\lambda^2} bh = \frac{\pi^2 \times 205 \times 10^9 \times 40 \times 10^3 \times 60 \times 10^{-3}}{132.8^2}$$

$$= 275.1 \times 10^3 \text{ N} = 275.1 \text{ kN}$$

11.3 压杆稳定性计算

为了保证压杆的直线平衡位置是稳定的，并具有一定的安全度，必须使压杆在轴向所受的工作载荷或应力满足如下条件：

$$F \leqslant \frac{F_{cr}}{n_{st}} = [F]_{st} \text{ 或 } \sigma \leqslant \frac{\sigma_{cr}}{n_{st}} = [\sigma]_{st}$$

式中 n_{st}——稳定安全因数；

$[F]$——稳定许用载荷；

$[\sigma]_{st}$——稳定许用应力。

因为压杆不可能是理想的直杆，加之压杆自身的初始缺陷，如初始曲率、载荷作用的偏心，以及失稳的突发性等因素，使压杆的临界载荷下降，所以通常规定的稳定安全因数都大于强度安全因数，如对于钢材，取 $n_{st}=1.8\sim3.0$；对于铸铁，取 $n_{st}=5.0\sim5.5$；对于木材，取 $n_{st}=2.8\sim3.2$。在工程上常采用安全因数法，采用安全因数法时，稳定性设计准则一般表示为

$$n_w \geqslant [n]_{st} \tag{11-6}$$

式中 $[n]_{st}$——规定的稳定安全因数；

n_w——工作安全因数。

在静载荷作用下，$[n]_{st}$略高于强度安全因数。n_w可由下式确定，即

$$n_w = \frac{\sigma_{cr}}{\sigma} = \frac{F_{cr}}{F} \tag{11-7}$$

例 11-2　图 11-6 所示，有一空气压缩机的活塞杆 AB 由 45 号钢制成，已知 $\sigma_s =$ 350 MPa，$\sigma_p = 280$ MPa，$E = 210$ GPa，杆长度 $l = 703$ mm，直径 $d = 45$ mm，最大压力时规定稳定安全因数 $n_{st} = 8 \sim 10$，试校核其稳定性。

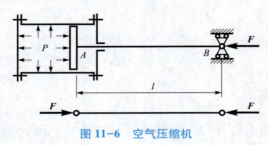

图 11-6　空气压缩机

解　（1）计算杆的柔度值。活塞杆两端可简化为铰支座，取长度系数 $\mu = 1$，圆形活塞杆截面的惯性半径 $i = \sqrt{\dfrac{I}{A}} = \dfrac{d}{4}$，因此压杆的柔度为

$$\lambda = \frac{\mu l}{i} = \frac{1 \times 703 \times 10^{-3}}{45 \times 10^{-3} \times 0.25} = 62.5$$

由表 11-2 查得优质钢 $\lambda_p = 86$，$\lambda_s = 44$。因为 $\lambda < \lambda_p$，所以不能够用欧拉公式。λ 介于 λ_s 和 λ_p 之间，可见活塞杆是中柔度杆。

（2）计算临界载荷。

由表 11-2 查得 $a = 461$ MPa，$b = 3.74$ MPa，由式 11-4 得

$$\sigma_{cr} = a - b\lambda = (461 - 2.568 \times 62.5) = 301 \text{ MPa}$$

$$F_{cr} = A\sigma_{cr} = \left[\frac{\pi}{4} \times (45 \times 10^{-3})^2 \times 301 \times 10^6 \right] = 478 \times 10^3 \text{ N} = 478 \text{ kN}$$

活塞的工作安全因数为

$$n_w = \frac{F_{cr}}{F_{max}} = \frac{478}{41.6} = 11.5 > n_{st} = 8 \sim 10$$

表明空气压缩机活塞杆满足稳定性要求。

11.4　提高压杆稳定性的措施

压杆的稳定性失效与杆件的强度、刚度失效有本质上的差别，前者失效时的载荷远远低于后者，并且具有突发性，因而常常造成灾难性的后果。由于影响压杆稳定性的因素很多，

因此为了提高压杆的承载能力，必须合理设计压杆，从杆的长度、横截面形状、约束条件和材料力学性能等多方面加以综合考虑。

1. 减小压杆长度

对于细长压杆，其临界载荷与杆长的平方成反比，因此减小杆长可以明显提高压杆的承载能力。在某些情况下也可以通过改变结构或增加支点来达到减小杆长的目的。

2. 合理选择压杆截面形状

大柔度杆和中柔度杆的临界应力均与柔度 λ 有关，柔度越小，临界应力越高。因此，对于长度和约束方式一定的压杆，在横截面面积保持不变的情况下，应选择惯性矩较大的截面形状。如果考虑压杆失稳的方向性，那么对两端为铰支或固定端的压杆，宜选用空心圆截面或者中空的正方形截面，以保证截面对各个方向的惯性矩都相同，即 $I_y = I_z$，这样的截面无疑最经济最合理。例如，组成起重机起重臂（图 11-7（a））上的角钢就分散放在截面周边的四角，见图 11-7（b）。还有如钢结构桁架中的压杆，也是把型钢分开放置再连接成一个整体，见图 11-7（c）。当然，也不能为了取得较大的惯性矩就无限制地增加环形截面直径而减小壁厚，这样有可能出现局部失稳并发生折皱。

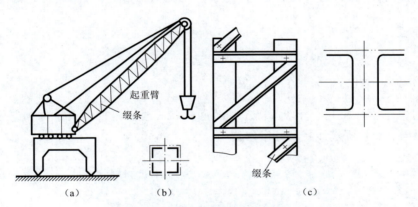

图 11-7　起重机起重臂的结构

（a）起重机起重臂；（b）角钢分散；（c）桁架中的型钢

3. 改变压杆约束条件

压杆支座的约束条件直接影响临界载荷的大小。压杆约束的刚性越强，长度系数 μ 值越低，则临界载荷 F_{cr} 就越大。如将一端固定，另一端自由的压杆，改变为一端固定，另一端铰支的压杆，则长度系数 μ 由 2 降低为 0.7，而临界载荷将增大为原来的 8.16 倍。一般说来，增强压杆约束的刚性，都可以大大提高压杆的稳定性。

4. 选用弹性模量大的材料

大柔度压杆的临界载荷与材料的弹性模量 E 有关，在其他约束条件相同的情况下，选用弹性模量较高的材料，显然可以提高压杆的稳定性。但就钢材而言，它们的弹性模量大致相同，若采用优质高强度钢去替换普通钢，则对提高临界载荷的作用甚微，不仅意义不大，而且造成材料浪费。但是，对中、小柔度压杆，因为它们的临界载荷与材料的比例极限、抗压强度有关，所以选用优质高强度钢，显然有利于压杆稳定性的提高。

⚙ 小 结 ⚙

本章的主要内容有：

（1）使压杆保持直线平衡状态的最大载荷称为临界载荷。压杆在临界载荷的作用下，其横截面上的平均应力称为压杆的临界应力。

（2）根据柔度的大小，将压杆分为三类，分别按不同的方式处理。对于 $\lambda \geqslant \lambda_{p}$ 的大柔度杆采用欧拉公式 $\sigma_{cr} = \dfrac{\pi^2 E}{\lambda^2}$ 计算临界应力；对于 $\lambda_{s} \leqslant \lambda < \lambda_{p}$ 的中柔度杆，用直线公式 $\sigma_{cr} = a - b\lambda$ 计算临界应力；对于 $\lambda < \lambda_{s}$ 的小柔度杆，按静强度问题处理。

（3）压杆工作时满足如下条件：

$$F \leqslant \frac{F_{cr}}{n_{st}} = [F]_{st} \text{ 或 } \sigma \leqslant \frac{\sigma_{cr}}{n_{st}} = [\sigma]_{st}$$

（4）稳定性设计准则为

$$n_{w} \geqslant [n]_{st}$$

n_{w} 为工作安全因数，由 $n_{w} = \dfrac{\sigma_{ct}}{\sigma} = \dfrac{F_{ce}}{F}$ 确定。

（5）通过减小压杆长度、合理选择压杆截面形状、改变压杆约束条件和选用弹性模量大的材料等措施，可以提高压杆的稳定性。

⚙ 思考题和习题 ⚙

11-1 杆件的强度、刚度和稳定性有何区别？

11-2 何谓临界载荷？两端铰支的细长压杆临界载荷欧拉公式的应用条件是什么？

11-3 何谓惯性半径？何谓柔度？它们的量纲是什么？

11-4 两端为球形铰支的细长压杆具有题 11-4 图所示的横截面，试说明它们在失稳时会朝哪个方向？

题 11-4 图

11-5 试判别以下说法的正确与否：

（1）当压杆失稳时，其横柱面上的应力往往会低于压杆强度失效时的应力。

（2）长度、横截面积、材料和杆端约束完全相同的两根细长压杆，其临界应力不一定相等。

（3）压杆的柔度越大表明压杆的稳定性就越高。

11-6　题 11-6 图（a）、（b）、（c）所示细长压杆均为圆杆，其直径均相同，且 $d=16$ mm，材料均为 Q235 钢，弹性模量 $E=200$ GPa。其中图（a）为两端铰支，图（b）为一端固定，另一端铰支，图（c）为两端固定，试求这三种情况下的临界载荷大小。

11-7　题 11-7 图所示为两端球形铰支的细长压杆，材料的弹性模量 $E=200$ GPa，试用欧拉公式计算其临界载荷：（1）圆形截面，$d=30$ mm，$l=1.2$ m；（2）矩形截面，$h=2b=50$ mm，$l=1.2$ m；（3）No. 14 工型钢，$l=1.9$ m。

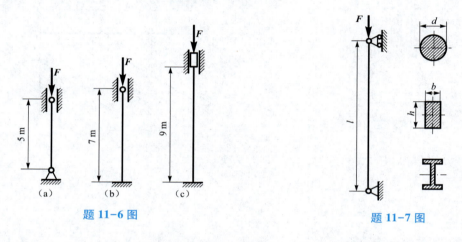

题 11-6 图　　　　　　　　　题 11-7 图

11-8　题 11-8 图所示正方形桁架，各杆均为细长杆，且弯曲刚度 EI 已知，试求当结构中的压杆失稳时载荷 F 的大小；当载荷 F 的方向改变时，使压杆失稳时载荷 F 的大小又为何值？

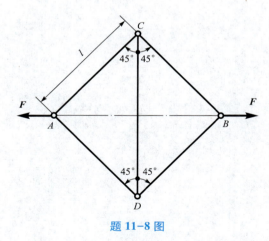

题 11-8 图

11-9　试求题 11-9 图所示千斤顶丝杠的工作安全因数。已知其工作时承受的最大载荷 $F=150$ kN，有效直径 $d_1=52$ mm，长度 $l=0.5$ m，材料为 Q235 钢，$\sigma_s=235$ MPa，丝杠的下端可视为固定端约束，上端可视为自由端。

11-10　简易起重机如题 11-10 图所示。压杆 BD 为 20 号槽钢，材料为 Q235 钢。已知最大起吊重量 $F = 40$ kN，规定稳定安全因数 $n_{st} = 5$，试校核杆 BD 的稳定性。

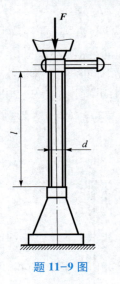

题 11-9 图

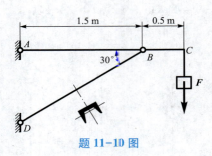

题 11-10 图

第 12 章
动荷应力与交变应力

12.1 动荷应力

此前在分析讨论构件的应力和变形以及强度、刚度问题时，所涉及的载荷都是静载荷。所谓静载荷，就是指载荷的大小从零开始缓慢增加到某一值，以后不再随时间而变化的载荷。如果作用在构件上的载荷随时间有显著的变化，或在载荷作用下构件上各点有显著的加速度，这种载荷即称为动载荷。因动载荷作用而引起构件产生的应力称为动荷应力。实际工程中有很多构件是在动载荷作用下工作的。研究动载荷作用于构件的问题时，都假定构件材料的动荷应力不超过材料的比例极限，而研究方法采用动静法。

本章介绍的是构件在有加速度或冲击时动荷应力的计算，以及构件在交变应力作用下疲劳强度的计算。

12.1.1 构件作等加速直线运动时的动荷应力与变形

如图 12-1 （a）所示，起重机以等加速度 a 起吊一重量为 G 的重物。今不计吊索的重量，取重物为研究对象，用动静法在重物上加惯性力 $\dfrac{G}{g}a$，如图 12-1 （b），列平衡方程，得吊绳的拉力 F_T 为

$$F_T = G + \frac{G}{g}a = G\left(1 + \frac{a}{g}\right)$$

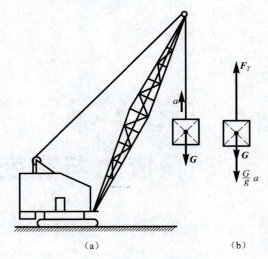

图 12-1　起重机起吊重物

（a）起重机吊重物；（b）加惯性力

若吊索的横截面面积为 A，其动荷应力为

$$\sigma_d = \frac{F_T}{A} = \frac{G}{A}\left(1 + \frac{a}{g}\right) = \sigma_j\left(1 + \frac{a}{g}\right) = K_d\sigma_j \qquad (12-1)$$

式中　σ_j——吊索静止时在静载荷作用下的静荷应力。

系数 K_d 称为动荷因数，且有

$$K_d = 1 + \frac{a}{g} \qquad (12-2)$$

由式（12-1）可见，只要将静载下的应力、变形乘以动荷因数 K_d 即得动载荷下的应力与变形。

根据以上得出的动荷应力，可写出其强度设计准则为

$$\sigma_{d\,max} = K_d\sigma_{j\,max} \leqslant [\sigma]$$

$$或 \sigma_{j\,max} \leqslant \frac{[\sigma]}{K_d} \qquad (12-3)$$

式中　$[\sigma]$——静载下材料的许用应力。

上式表明动载荷问题可按静载荷处理，只需将许用应力降至原值的 $1/K_d$。

12.1.2　构件受冲击时的动荷应力

当具有一定速度的运动物体碰到静止的构件时，物体和构件间会产生很大的作用力，这种现象称为冲击。如汽锤锻造工件、落锤打桩、金属冲压加工、铆钉枪铆接、高速转动的传动轴制动等，都是冲击的一些工程实例。

如图 12-2（a）、（b）所示，一重量为 G 的重物从高度 h 处自由下落，以一定的速度冲击直杆。设使直杆产生的最大冲击位移为 Δ_d，见图 12-2（c），由机械能守恒定律和虎克定律可知，直杆在受冲击力 F_d 作用时产生的位移 Δ_d 与在静载荷即重量 G 作用下产生的位移 Δ

成正比。其冲击动荷因数为

$$K_d = \frac{\Delta_d}{\Delta} = 1 + \sqrt{1 + \frac{2h}{\Delta}} \qquad (12-4)$$

于是，动荷内力 F_d 和动荷应力 σ_d 为

$$F_d = K_d G \qquad \sigma_d = K_d \sigma_j$$

得出动荷应力后，即可建立构件受冲击时的强度设计准则，即

$$\sigma_{d\,max} = K_d \sigma_{j\,max} \leqslant [\sigma] \qquad (12-5)$$

式中　$\sigma_{d\,max}$ 和 $\sigma_{j\,max}$——构件受冲击时的最大动荷应力和最大静荷应力；

　　　　$[\sigma]$——静荷强度计算中的许用应力。

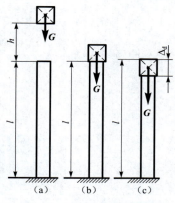

图 12-2　杆件受冲击时的变形
（a）重物下落；（b）冲击直杆；
（c）最大冲击位移

最后应指出动荷因数亦即式（12-4）只适用于自由落体冲击的情形，而且也只有材料在弹性范围内才适用。另外在设计受冲击载荷作用的构件时，除应使构件满足受冲击时的强度准则外，还应使材料符合规定的抵抗冲击的指标。工程上常用冲击韧度 α_K 作为衡量材料抵抗冲击能力的指标。它与材料的强度指标 σ_s、σ_b 和塑性指标 δ、ψ 一样，属于材料常规的力学性能五大指标之一。冲击韧度 α_K 由冲击试验确定。

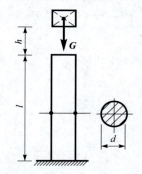

图 12-3　圆形木柱受冲击

例 12-1　图 12-3 所示为一圆形木柱，下端固定。上端自由，在离柱顶 h 高度处有一重量 $G = 3$ kN 的重锤自由落下，试求柱内最大动荷应力 $\sigma_{d\,max}$。已知柱长 $l = 6$ m，直径 $d = 300$ mm，弹性模量 $E = 10$ GPa，$h = 0.2$ m。

解　根据式（12-5），最大动荷应力 $\sigma_{d\,max}$ 为

$$\sigma_{d\,max} = K_d \sigma_{j\,max}$$

式中　$\sigma_{j\,max}$——最大静荷应力。

重锤静止放在柱顶时引起的柱内最大应力 $\sigma_{j\,max}$ 为

$$\sigma_{j\,max} = \frac{G}{A}$$

按式（12-4），动荷因数为

$$K_d = \frac{\Delta_d}{\Delta} = 1 + \sqrt{1 + \frac{2h}{\Delta}}$$

式中　Δ——静荷变形。

重锤静止在柱顶时引起的柱的静荷变形 Δ 为 $\Delta = \dfrac{Gl}{EA}$，于是有

$$K_d = \frac{\Delta_d}{\Delta} = 1 + \sqrt{1 + 2h\frac{EA}{Gl}}$$

将相应的数值代入上式，得

$$K_d = 1 + \sqrt{1 + 2 \times 0.2 \times \frac{10 \times 10^9 \times \pi \times 300^2 \times 10^{-6}}{4 \times 3 \times 10^3 \times 6}} = 126$$

最后得木柱内最大动荷应力为

$$\sigma_{d\,max} = K_d \frac{G}{A} = 126 \times \frac{3 \times 10^3 \times 4}{\pi \times 300^2 \times 10^{-6}} = 5.35 \times 10^6 \text{ Pa} = 5.35 \text{ MPa}$$

12.2　交变应力

12.2.1　交变应力的概念

在以前分析强度问题时，所涉及的构件中的应力均不随时间而改变。但在工程实际中，很多构件受到随时间作周期性变化应力的作用，这种随时间作周期性变化的应力称为交变应力。如图 12-4（a）所示的火车轮轴受到来自车厢的重力 G 的作用。重力 G 的大小和方向虽然不变，但由于轮轴的转动，其转轴横截面上点 C 到横截面中性轴的距离 $y = \sin \omega t$ 是随时间而变化的，因此点 C 的弯曲正应力也随时间按正弦规律变化，如图 12-4（b）所示。

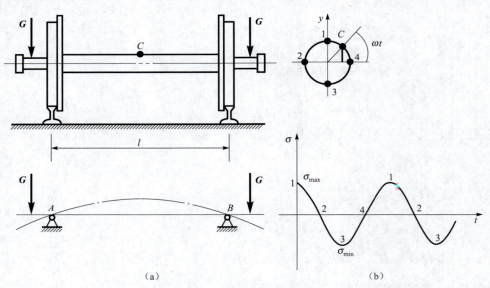

图 12-4　火车轮轴受到的应力
（a）火车轮轴；（b）C 点的交变应力

在交变应力的研究中，为了描述应力随时间的变化情况，通常把由最大应力 σ_{max} 变到最小应力 σ_{min}，再由最小应力 σ_{min} 变回到最大应力 σ_{max} 的过程，称之为一个应力循环。把一个应力循环中最小应力与最大应力之比值称为循环特征，用 r 表示，即

$$r = \frac{\sigma_{\min}}{\sigma_{\max}} \tag{12-6}$$

把最大应力和最小应力代数和之半称为平均应力，用 σ_m 表示，即

$$\sigma_m = \frac{1}{2}(\sigma_{\max} + \sigma_{\min}) \tag{12-7}$$

把最大应力和最小应力代数差之半称为应力幅，用 σ_a 表示，即

$$\sigma_a = \frac{1}{2}(\sigma_{\max} - \sigma_{\min}) \tag{12-8}$$

如图 12-4 所示的火车轮轴所受交变应力的情形，称为对称循环。其循环特性 $r = -1$。在各种交变应力的应力循环中，除对称循环外，其余都称为非对称循环。在非对称循环中，较常见的是最小应力 $\sigma_{\min} = 0$，循环特征 $r = 0$ 的情形，如图 12-5 所示的单方向转动的齿轮。在齿轮的啮合过程中，齿根上点 A 的应力就交替变化在某一应力值和零之间，这种情形称为脉动循环。

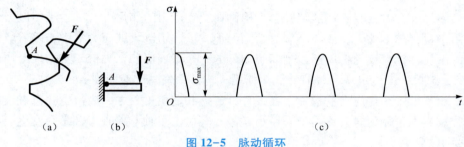

（a）　　（b）　　　　　　　　　（c）

图 12-5　脉动循环

（a）齿轮啮合；（b）力学模型；（c）脉动循环

12.2.2　疲劳破坏的特点及原因

在工程实际中，构件受交变应力作用的情形是很普遍的，除了上例之外，还有如蒸汽机连杆、铁道钢轨和螺旋弹簧等。它们在工作时也受到交变应力作用。构件在交变应力作用下发生的破坏现象通常称为疲劳破坏。

疲劳破坏与静载作用下的强度破坏，有着本质的差别。在静载作用下，材料的强度主要与材料本身的性能有关，而与构件尺寸及表面加工质量等因素无关；但在交变应力作用下，材料的强度不仅与材料本身的性能有关，还与应力变化情况、构件形状和尺寸以及表面加工质量等因素有很大关系。

疲劳破坏的特点是破坏时应力很低。其破坏应力值远低于静强度指标，且破坏时没有明显的塑性变形，即使在静载作用下塑性很好的材料，也常常会在材料的屈服点以下发生突然断裂。其断口一般会清楚地显示出断裂裂纹的形成、扩展和最后断裂三个区域，如图 12-6 所示。据统计，在飞机、车辆和机器破坏的事故中，有很大比例是由于零部件疲劳破坏引起的。研究构件的疲劳强度是为了搞清楚疲劳破坏的原因，确定疲劳强度性能，建立疲劳强度设计准则。

工程上基于长期对机械事故的不断分析研究，丰富和发展了疲劳理论，同时还促成了断

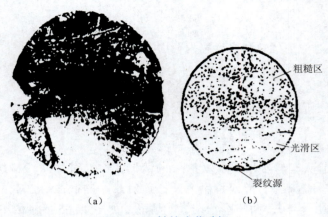

（a）　　　　　　　　　（b）

图 12-6　轴的疲劳破坏

（a）断口照片；（b）断口分析

裂力学的形成。现在对疲劳破坏的解释是：构件在交变应力的作用下，尽管工作应力低于屈服点，但由于材料的不均匀，故在有裂纹缺陷的地方造成了巨大的应力集中，随着应力交替变换次数的增长，其裂纹的扩展逐步削弱了构件的有效截面面积，类似于在构件上作成尖锐的"切口"。结果，一旦出现动载荷的偶然作用，构件即发生突然断裂。

因此，对于承受交变应力的构件，在设计、制造和使用过程中，应特别注意裂纹的形成和扩展过程。当火车靠站时，铁路工人用小铁锤轻轻敲击车轴，检查车轴是否发生裂纹，以防突然发生事故。

由于裂纹的形成和扩展需要一定的应力交变次数，因此疲劳破坏需要经历一定的时间过程。

12.2.3　材料的持久极限

由于疲劳破坏与静载作用下的强度破坏有着本质的差别，所以静应力下的强度指标不能作为疲劳破坏的计算依据。材料在交变应力作用下的强度计算依据的是材料在经过无限多次应力循环后不发生疲劳破坏的最大应力值，称为材料的持久极限，用 σ_r 表示。

材料在对称循环交变应力作用下的持久极限由疲劳试验机测定。测定时将金属材料加工成一组直径相同且表面光滑的小试样，每组试样 10 根左右，直径 $d = 5 \sim 10$ mm，试验时使第一批试样装在旋转弯曲疲劳试验机（图 12-7）上，由悬挂砝码给试样施加载荷。

试验从试验机开机开始直到试样断裂为止。试验机计数器自动记下承受交变应力为 σ 的试样所旋转过的总圈数，亦即循环次数 N，即试样的疲劳寿命。以后每装一根试样都挂上不同重量的砝码逐一进行试验，得出相应的疲劳寿命和最大弯曲正应力。试验完了，以弯曲正应力 σ 为纵坐标，以疲劳寿命 N 为横坐标，绘出试验结果曲线，该曲线即为表征材料疲劳性能的应力—寿命 S—N 曲线。图 12-8 为钢材的 S—N 曲线。曲线上的点 1 和点 2 分别对应试样断裂时的最大应力和应力循环次数。当应力降到某一极限值时，S—N 曲线趋近于一水平渐近线，渐近线所对应的纵坐标值即为材料经历无限次应力循环而不断裂的持久极限。对称循环的持久极限记为 σ_{-1}。试验指出，钢材的持久极限与其在静载荷作用下的抗拉强度

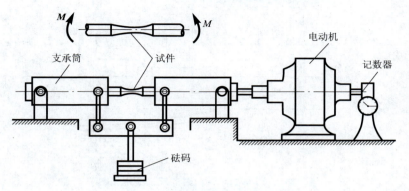

图 12-7　疲劳试验机及疲劳试验

存在有以下的近似关系：对于弯曲有 $\sigma_{-1} \approx (0.4 \sim 0.5)\sigma_b$；对于拉伸或压缩有 $\sigma_{-1} = (0.33 \sim 0.59)\sigma_b$；对于扭转有 $\tau_{-1} = (0.23 \sim 0.29)\sigma_b$。由此可见，材料在交变应力的作用下，其强度明显降低。

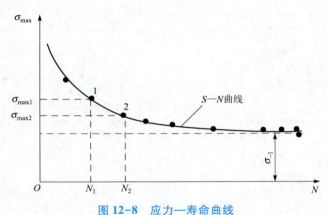

图 12-8　应力—寿命曲线

影响构件持久极限的主要因素有：

1. 构件外形的影响

构件外形的突然变化，如构件上的切槽、开孔、缺口和轴肩等，会引起应力集中。构件外形对持久极限的影响用有效应力集中因数 K_σ 或 K_τ（图 12-9）来表示，即

$$K_\sigma = \frac{\sigma_{-1}}{(\sigma_{-1})_K}$$

$$K_\tau = \frac{\tau_{-1}}{(\tau_{-1})_K}$$

式中　σ_{-1}、τ_{-1}——标准光滑试样的持久极限；

$(\sigma_{-1})_K$、$(\tau_{-1})_K$——存在应力集中且尺寸与光滑试样相同的试样的疲劳极限。

2. 构件截面尺寸的影响

材料的持久极限是用光滑小试样测定的。试验表明，由于大尺寸试样高应力区所含晶粒的晶界缺陷较之小尺寸试样要多，故易产生疲劳裂纹而降低疲劳极限。构件尺寸对疲劳极限

173

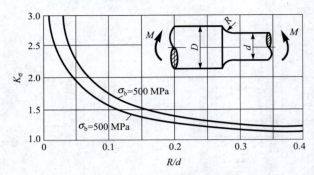

图 12-9　对称循环弯曲时的应力集中因数

的影响，用光滑大尺寸试样的持久极限与光滑小尺寸试样的持久极限之比值，即尺寸因数 ε_σ 或 ε_τ 来表示。它们是一个小于1的表明材料持久极限降低的系数。表12-1给出了圆截面钢轴在对称循环弯曲与扭转时的尺寸因数。

表 12-1　尺寸因数

直径 d/mm		>20～30	>30～40	>40～50	>50～60	>60～70
ε_σ	碳钢	0.91	0.88	0.84	0.81	0.78
	合金钢	0.83	0.77	0.73	0.70	0.68
各种钢 ε_τ		0.89	0.81	0.78	0.76	0.74
直径 d/mm		>70～80	>80～100	>100～120	>120～150	>150～500
ε_σ	碳钢	0.75	0.73	0.70	0.68	0.60
	合金钢	0.66	0.64	0.62	0.60	0.54
各种钢 ε_τ		0.73	0.72	0.70	0.68	0.60

3. 构件表面加工质量的影响

构件的最大应力一般发生在表面，因为表面的各种加工刀痕和擦伤会引起应力集中。构件表面加工质量对持久极限的影响，用表面质量因数 β 表示。β 是一个表明持久极限降低的系数。图 12-10 给出的就是几种采用不同加工方法时的表面质量因数。

若综合考虑以上三种主要因素，则在对称循环下构件的持久极限表示为

$$\sigma_{-1}^0 = \frac{\varepsilon_\sigma \beta}{K_\sigma}\sigma_{-1} \quad \text{或} \quad \tau_{-1}^0 = \frac{\varepsilon_\tau \beta}{K_\tau}\tau_{-1} \quad (12\text{-}9)$$

式中　σ_{-1}——材料在对称循环弯曲或拉压时的持

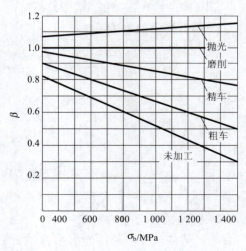

图 12-10　表面质量因数

174

久极限；

τ_{-1}——材料在对称循环扭转时的持久极限。

除以上三种因素外，构件的工作环境，如温度、介质等也会影响其持久极限。这种影响也可参照前面的方法，用修正系数来表示，在此不再赘述。目前在机械设计中，通常将疲劳强度设计准则写成比较安全因数的形式，即要求构件的工作安全因数不小于规定安全因数。构件在对称循环弯曲或拉压时规定的安全因数 n 为

$$n = \frac{\sigma_{-1}^{0}}{[\sigma_{-1}]}$$

式中 $[\sigma_{-1}]$——构件在对称循环弯曲或拉压时的许用应力。

若构件横截面的最大工作应力为 σ_{max}，则构件在对称循环下工作的安全因数 n_{α} 为

$$n_{\alpha} = \frac{\sigma_{-1}^{0}}{\sigma_{max}}$$

于是强度设计准则就写为

$$n_{\alpha} \geqslant n \qquad\qquad (12-10)$$

对于对称循环弯曲或扭转的构件的设计准则为

$$n_{\alpha} = \frac{\varepsilon_{\sigma}\beta\sigma_{-1}}{K_{\sigma}\sigma_{max}} \geqslant n \ \text{或} \ n_{\alpha} = \frac{\varepsilon_{\tau}\beta\tau_{-1}}{K_{\tau}\tau_{max}} \geqslant n \qquad\qquad (12-11)$$

由以上的介绍可知，金属的疲劳破坏是由裂纹的扩展引起的。裂纹的形成一般发生在构件应力集中的部位，所以提高构件的疲劳强度应在不改变构件基本尺寸和材料的前提下，以减缓应力集中和改善表面质量入手。为此，在设计和制造构件时，要尽可能地避免带有尖角或方形的孔、槽出现。有时因结构的原因，在难以加大过渡圆角的半径时，可开减荷槽或退刀槽。另外，对焊缝的处理宜采用坡口焊接，这样可降低应力集中的程度。在机械加工工艺中，采用提高构件表层材料强度的手段，如渗碳、渗氮、高频淬火、表层滚压和喷丸等，也可明显地提高构件的疲劳强度。

本章的主要内容有：

（1）动载荷下的应力与变形等于静载下的应力、变形乘以动荷因数 K_{d}，即 $\sigma_{d} = K_{d}\sigma_{j}$。
构件作等加速直线运动时：

$$K_{d} = 1 + \frac{a}{g}$$

构件受冲击时：

$$K_{d} = \frac{\Delta_{d}}{\Delta} = 1 + \sqrt{1 + \frac{2h}{\Delta}}$$

（2）动荷应力下强度设计准则为

$$\sigma_{d\,max} = K_d \sigma_{j\,max} \leqslant [\sigma] \quad \text{或} \quad \sigma_{j\,max} \leqslant \frac{[\sigma]}{K_d}$$

（3）随时间作周期性变化的应力称为交变应力。

交变应力的循环特征 $r = \dfrac{\sigma_{min}}{\sigma_{max}}$，对称循环 $r = -1$，脉动循环 $r = 0$。

构件在交变应力作用下发生的破坏现象称为疲劳破坏。

材料在经过无限多次应力循环后不发生疲劳破坏的最大应力称为持久极限。

对称循环下构件的持久极限表示为

$$\sigma_{-1}^0 = \frac{\varepsilon_\sigma \beta}{K_\sigma} \sigma_{-1} \quad \text{或} \quad \tau_{-1}^0 = \frac{\varepsilon_\tau \beta}{K_\tau} \tau_{-1}$$

对称循环弯曲或扭转构件的设计准则为

$$n_a = \frac{\varepsilon_\sigma \beta \sigma_{-1}}{K_\sigma \sigma_{max}} \geqslant n \quad \text{或} \quad n_\alpha = \frac{\varepsilon_\tau \beta \tau_{-1}}{K_\tau \tau_{max}} \geqslant n$$

（4）提高构件的疲劳强度的措施：避免带有尖角或方形的孔、槽；加大过渡圆角的半径，开减荷槽或退刀槽；加强材料表面的质量，如渗碳、渗氮、高频淬火、表层滚压和喷丸等。

思考题和习题

12-1　何谓静载荷，何谓动载荷？二者有何区别？就日常生活所见，列举几个动载荷的例子。

12-2　何谓动荷因数？冲击动荷因数与哪些因素有关？为什么弹簧可以承受较大的冲击载荷而不致损坏？

12-3　为什么在构件外形上显现出来的截面突变之处，如螺纹、键槽、轴肩等会影响它的疲劳极限？

12-4　何谓交变应力？何谓疲劳强度？疲劳破坏是如何形成的？有何特点？

12-5　什么是循环特征？什么是对称循环和非对称循环？试举两个实例予以说明。

12-6　为什么构件尺寸的加大会降低持久极限？

12-7　采取什么样的措施可以提高构件的疲劳强度？

12-8　长为 l、横截面面积为 A 的杆件以加速度 a 向上提升，如题 12-8 图所示。若密度为 ρ，试求杆件横截面的最大正应力。

12-9　题 12-9 图（a）、（b）、（c）所示三根杆件，上端均固定，下端安装一刚性圆盘，三杆的体积均相同，但杆的长度和横截面大小不尽相同。三杆分别受重力 G 的环形重物由同一高度

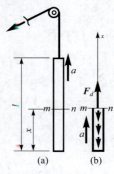

题 12-8 图

h 自由下落到圆盘上的作用。已知 $G = 10$ kN，$l = 1$ m，$A = 1.0 \times 10^{-4}$ m²，$E = 200$ GPa，$h = 100$ mm，试求三根杆件的动荷应力 σ_d 的比值。

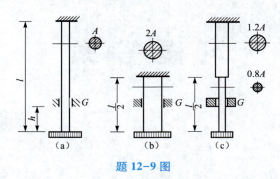

题 12-9 图

习 题 答 案

第 2 章

2-2 $F_R = 433.7$ N, $\alpha = 27.9°$

2-3   (a) $F_R = 23.4$ N, $\alpha = 84.4°$ (b) $F_R = 1\,114.9$ N, $\alpha = 22.5°$

2-4 $M_O = -13.35$ kN·m, $F_R = F_{R'} = 9.32$ kN, $d = 1.43$ m, $\alpha = 36°$

2-5 $M_O = 4$ kN·m, $F_R = 3$ kN, $d = 1.33$ m

第 3 章

3-2 $F_{Ax} = 17.3$ kN, $F_{Ay} = 4$ kN, $F_B = 6$ kN

3-3 $F_{Ax} = 8.66$ kN, $F_{Ay} = 15$ kN, $F_B = 10$ kN

3-4   (a) $F_A = -1$ kN, $F_B = 5$ kN   (b) $F_A = 8$ kN, $F_B = 0$

       (c) $F_A = 10$ kN, $F_B = 6$ kN   (d) $F_A = 0$ kN, $F_B = 16$ kN

3-5   (a) $F_{Ax} = F_{Ay} = 0$, $M_A = 6$ kN·m   (b) $F_A = F_B = 2$ kN

       (c) $F_{Ax} = 0$, $F_{Ay} = 6$ kN, $M_A = 9$ kN·m

       (d) $F_A = 3$kN, $F_B = -3$ kN

       (e) $F_{Ax} = 0$, $F_{Ay} = 4$ kN, $M_A = 0$ (f) $F_A = -2$kN, $F_C = 6$ kN

3-6   (a)、(e)、(f)、(j) 静定，其余为静不定

3-7 $F_{Ax} = 9.18$ kN, $F_{Ay} = 1.7$ kN, $F_B = 10.6$ kN

3-8 $F_A = -F_B = \dfrac{\sqrt{2}M}{2a}$ (kN)，与 x 轴夹角 45°

3-9 $F_C = F \cot \alpha$

3-10 $F_D = 58.7$ kN

3-11 $F_A = 10$ kN, $F_{Bx} = F_{Cx} = 0$ kN, $F_{By} = 20$ kN, $F_{Cy} = 35$ kN,

       $M_C = -82.5$ kN

3-12 $m_2 = 10$ kN·m, $F_A = 10$ kN, $F_D = -10$ kN, 水平方向

3-13 $F_{工件} = 28.6F$

3-14 $F_{AB} = \dfrac{G}{2}$, $F_{BC} = -\dfrac{\sqrt{3}}{2}G$

3-15 $F_{Ax} = -1.15$ kN, $F_{Ay} = 2$ kN, $F_B = 2.31$ kN

3-16 $F_{BC} = 192.4$ kN

3-17 $F_{Ay} = F_{By} = 80$ kN, $F_{Ax} = -F_{Bx} = 40$ kN, $F_{Cx} = 40$ kN, $F_{Cy} = 0$

3-18 $F_H = 7\ 975\ \text{N}$

3-19 （1）不滑动，$F = 56.56\ \text{N}$ （2）$F = 94.3\ \text{N}$

3-20 $\dfrac{\sin \alpha - f \cos \alpha}{\cos \alpha + f \sin \alpha}\, G \leqslant F \leqslant \dfrac{\sin \alpha + f \cos \alpha}{\cos \alpha - f \sin \alpha}\, G$

3-21 $\alpha_{\max} = \arctan f = 11.3°$

3-22 $\alpha_{\min} = 74.2°$

3-23 $F_{1\min} = \dfrac{M\ (a - fe)}{frL}$

3-24 $0.5\ L < l < 0.56\ L$

第 4 章

4-1 $F_1 = 2\ \text{kN}$，$F_2 = 4\ \text{kN}$，$F_A = -9\ \text{kN}$，$F_B = 3\ \text{kN}$

4-2 $F = 2\ \text{kN}$，$F_{Az} = -1.2\ \text{kN}$，$F_{Bz} = -0.8\ \text{kN}$，$F_{Ay} = -0.32\ \text{kN}$，
$F_{By} = 1.12\ \text{kN}$

4-3 $F_{Ct} = 5\ \text{kN}$，$F_{Dz} = 12.58\ \text{kN}$，$F_{Bz} = -0.76\ \text{kN}$，$F_{Dy} = 6.75\ \text{kN}$，
$F_{By} = 1.89\ \text{kN}$

4-4 $F_{t2} = 2.19\ \text{kN}$，$F_{Az} = 0.38\ \text{kN}$，$F_{Bz} = -0.16\ \text{kN}$，$F_{Ax} = 2\ \text{kN}$，
$F_{Bx} = 1.77\ \text{kN}$

4-5 $F_2 = 4\ \text{kN}$，$F_{Az} = -0.8\ \text{kN}$，$F_{Bz} = 0.28\ \text{kN}$，$F_{Ax} = -0.8\text{kN}$，
$F_{Bx} = -2.28\text{kN}$

4-6 $F'_{T2} = 2\ \text{kN}$，$F_{T2} = 4\ \text{kN}$，$F_{Az} = -0.87\ \text{kN}$，$F_{Bz} = -2.59\ \text{kN}$，$F_{Ax} = -6.38\ \text{kN}$，
$F_{Bx} = -4.12\ \text{kN}$

4-7 $x_C = 0$，$y_C = 39\ \text{mm}$

4-8 $z_C = 0$，$y_C = 160\ \text{mm}$

4-9 （a）$x_C = 0$，$y_C = 60.77\ \text{mm}$ （b）$x_C = 110\ \text{mm}$，$y_C = 0$
（c）$x_C = 59.35\ \text{mm}$，$y_C = 134.35\ \text{mm}$

第 5 章

略.

第 6 章

6-6 $\Delta l = 0.075\ \text{mm}$

6-7 $\sigma = 35\ \text{MPa}$

6-8 $d_1 \geqslant 22.59\ \text{mm}$

6-9 $\sigma = 37\ \text{MPa} < [\sigma]$ 拉杆安全

6-10 $[F] = 35\ \text{kN}$

第 7 章

7-1 $d \geqslant 58\ \text{mm}$，$b \geqslant 100\ \text{mm}$

7-2 $h \geqslant 200$ mm, $c = 20$ mm

7-3 $\tau = 22$ MPa$<[\tau]$, $\sigma_{bs} = 73.6$ MPa$<[\sigma_{bs}]$ 平键安全

7-4 $F \geqslant 235.5$ kN

7-5 $[F] = 1\ 099$ kN

7-6 $d/h = 2.4$

第8章

8-6 （1）$\tau = 96$ Mpa （2）$\tau_{max} = 120$ MPa （3）$\tau_{ABmax} = 234$ MPa

8-7 $\tau_{max} = 47.7$ MPa$<[\tau]$, $\theta_{max} = 1.7°/m<[\theta]$ 轴安全

8-8 $d \geqslant 70$ mm

8-9 $d \geqslant 23.2$ mm

8-10 $[P] = 14$ kW

第9章

9-9 （a）$F_{s1} = qa$, $M_1 = -\dfrac{3}{2}qa^2$; $\quad$ $F_{s2} = qa$, $M_2 = -\dfrac{1}{2}qa^2$;

$\qquad$ $F_{s3} = qa$, $M_3 = -\dfrac{1}{2}qa^2$; $\quad$ $F_{s4} = \dfrac{1}{2}qa$, $M_4 = -\dfrac{1}{8}qa^2$

$\quad$（b）$F_{s5} = -qa$, $M_1 = 0$; $\quad$ $F_{s2} = -qa$, $M_2 = -qa^2$;

$\qquad$ $F_{s3} = -qa$, $M_3 = 0$; $\quad$ $F_{s4} = qa$, $M_4 = 0$

$\quad$（c）$F_{s1} = qa$, $M_1 = -qa^2$; $\quad$ $F_{s2} = qa$, $M_2 = 0$;

$\qquad$ $F_{s3} = 0$, $M_3 = 0$; $\quad$ $F_{s4} = 0$, $M_4 = 0$

$\quad$（d）$F_{s1} = -2qa$, $M_1 = 0$; $\quad$ $F_{s2} = -2qa$, $M_2 = -2qa^2$;

$\qquad$ $F_{s3} = 2qa$, $M_3 = -2qa^2$; $\quad$ $F_{s4} = 0$, $M_4 = 0$

9-10 （略）

9-11 （1）$\sigma_D = -34.1$ MPa, $\sigma_E = -18.2$ MPa, $\sigma_F = 0$, $\sigma_H = 34.1$ MPa

$\quad$（2）$\sigma_{max} = 41$ MPa; （3）3 倍

9-12 $\sigma_{max} = 141.8$ MPa, $\tau_{max} = 17.2$ MPa

9-13 $d = 53$ mm

9-14 $[F] = 20$ kN

9-15 $\sigma_{max} = 84.2$ MPa$<[\sigma]$, $\tau_{max} = 11.3$ MPa$<[\tau]$, 满足强度要求

9-16 （a）$w_c = \dfrac{Fl^3}{24EI}$, $\theta_B = -\dfrac{13Fl^2}{48EI}$;

$\quad$（b）$w_A = -\dfrac{11ql^4}{48EI}$, $\theta_A = \dfrac{7Fl^2}{24EI}$;

$\quad$（c）$w_c = -\dfrac{17ql^4}{384EI}$, $\theta_A = -\dfrac{5ql^3}{24EI}$;

$\quad$（d）$w_C = -\dfrac{2qa^4}{3EI}$, $\theta_C = \dfrac{5qa^3}{6EI}$

9-17　$|w_C|$ = 0. 03 mm<$[w]$ = 0. 035 mm，满足刚度要求

第 10 章

10-8　$\sigma_{\max}$ = 144. 5 MPa<$[\sigma]$，满足强度要求

10-9　选 16 号工字钢

10-10　（1）σ_{r3} = 110 MPa，σ_{r4} = 101. 5 MPa，满足强度要求

　　　　（2）σ_{r3} = 110 MPa，σ_{r4} = 95. 4 MPa，满足强度要求

10-11　$\sigma_{\max}$ = 38. 2 MPa<$[\sigma]$

10-12　$[F]$ = 4. 63 kN

10-13　$d \geqslant 25. 9$ mm

10-14　σ_{r3} = 83. 91 MPa<$[\sigma]$

第 11 章

11-6　F_{cr} = 2 620 kN，F_{cr} = 2 730 kN，F_{cr} = 3 250 kN

11-7　（1）F_{cr} = 54. 5 kN，（2）F_{cr} = 89. 1 kN，（3）F_{cr} = 352 kN

11-8　$F_{\mathrm{cr}} = \dfrac{\pi^2 EI}{2l^2}$，$F_{\mathrm{cr}} = \dfrac{\sqrt{2}\,\pi^2 EI}{l^2}$

11-9　n_{w} = 2. 75

11-10　n_{w} = 6. 5>n_{st}，安全

第 12 章

12-8　$\sigma_{\mathrm{dmax}} = \rho g l \left(1 + \dfrac{a}{g}\right)$

12-9　$\sigma_{da} : \sigma_{db} : \sigma_{dc}$ = 21 : 20. 5 : 25. 75

附录 型钢规格表

表 1 热轧等边角钢 （GB/T 9787—1988）

符号意义：
b——边宽度；
d——边厚度；
r——内圆弧半径；
r_1——边端内圆弧半径；
I——惯性矩；
i——惯性半径；
W——截面系数；
z_0——重心距离。

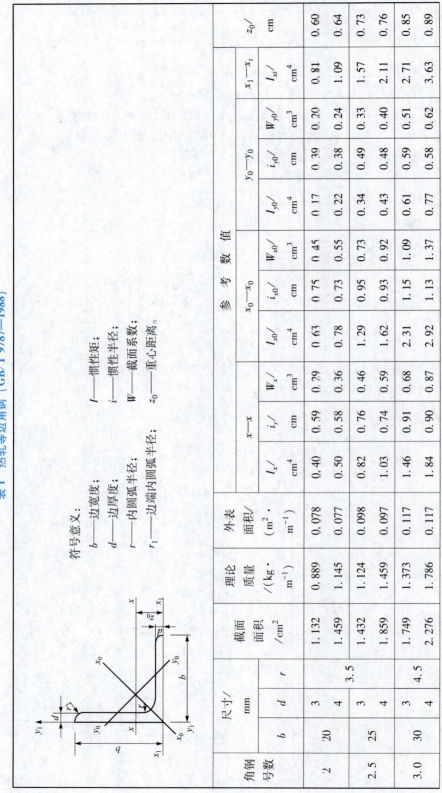

角钢号数	尺寸/mm b	d	r	截面面积/cm²	理论质量/(kg·m⁻¹)	外表面积/(m²·m⁻¹)	x—x I_x/cm⁴	i_x/cm	W_x/cm³	x_0—x_0 I_{x0}/cm⁴	i_{x0}/cm	W_{x0}/cm³	y_0—y_0 I_{y0}/cm⁴	i_{y0}/cm	W_{y0}/cm³	x_1—x_1 I_{x1}/cm⁴	z_0/cm
2	20	3	3.5	1.132	0.889	0.078	0.40	0.59	0.29	0.63	0.75	0.45	0.17	0.39	0.20	0.81	0.60
		4		1.459	1.145	0.077	0.50	0.58	0.36	0.78	0.73	0.55	0.22	0.38	0.24	1.09	0.64
2.5	25	3	3.5	1.432	1.124	0.098	0.82	0.76	0.46	1.29	0.95	0.73	0.34	0.49	0.33	1.57	0.73
		4		1.859	1.459	0.097	1.03	0.74	0.59	1.62	0.93	0.92	0.43	0.48	0.40	2.11	0.76
3.0	30	3	4.5	1.749	1.373	0.117	1.46	0.91	0.68	2.31	1.15	1.09	0.61	0.59	0.51	2.71	0.85
		4		2.276	1.786	0.117	1.84	0.90	0.87	2.92	1.13	1.37	0.77	0.58	0.62	3.63	0.89

续表

角钢号数	尺寸/mm b	尺寸/mm d	尺寸/mm r	截面面积/cm²	理论质量/(kg·m⁻¹)	外表面积/(m²·m⁻¹)	I_x/cm⁴	i_x/cm	W_x/cm³	I_{x0}/cm⁴	i_{x0}/cm	W_{x0}/cm³	I_{y0}/cm⁴	i_{y0}/cm	W_{y0}/cm³	I_{xt}/cm⁴	z_0/cm
							x—x			x_0—x_0			y_0—y_0			x_1—x_1	
3.6	36	3	4.5	2.109	1.656	0.141	2.58	1.11	0.99	4.09	1.39	1.61	1.07	0.71	0.76	4.68	1.00
		4		2.756	2.163	0.141	3.29	1.09	1.28	5.22	1.38	2.05	1.37	0.70	0.93	6.25	1.04
		5		3.382	2.654	0.141	3.95	1.08	1.56	6.24	1.36	2.45	1.65	0.70	1.09	7.84	1.07
4.0	40	3	5	2.359	1.852	0.157	3.59	1.23	1.23	5.69	1.55	2.01	1.49	0.79	0.96	6.41	1.09
		4		3.086	2.422	0.157	4.60	1.22	1.60	7.29	1.54	2.58	1.91	0.79	1.19	8.56	1.13
		5		3.791	2.976	0.156	5.53	1.21	1.96	8.76	1.52	3.01	2.30	0.78	1.39	10.74	1.17
4.5	45	3	5	2.659	2.088	0.177	5.17	1.40	1.58	8.20	1.76	2.58	2.14	0.90	1.24	9.12	1.22
		4		3.486	2.736	0.177	6.65	1.38	2.05	10.56	1.74	3.32	2.75	0.89	1.54	12.18	1.26
		5		4.292	3.369	0.176	8.04	1.37	2.51	12.74	1.72	4.00	3.33	0.88	1.81	15.25	1.30
		6		5.076	3.985	0.176	9.33	1.36	2.95	14.76	1.70	4.64	3.89	0.88	2.06	18.36	1.33
5	50	3	5.5	2.971	2.332	0.197	7.18	1.55	1.96	11.37	1.96	3.22	2.98	1.00	1.57	12.50	1.34
		4		3.897	3.059	0.197	9.26	1.54	2.56	14.70	1.94	4.16	3.82	0.99	1.96	16.60	1.38
		5		4.803	3.770	0.196	11.21	1.53	3.13	17.79	1.92	5.03	4.64	0.98	2.31	20.90	1.42
		6		5.688	4.465	0.196	13.05	1.52	3.68	20.68	1.91	5.85	5.42	0.98	2.63	25.14	1.46
5.6	56	3	6	3.343	2.624	0.221	10.19	1.75	2.48	16.14	2.20	4.08	4.24	1.13	2.02	17.56	1.48
		4		4.390	3.446	0.220	13.18	1.73	3.24	20.92	2.18	5.28	5.46	1.11	2.52	23.43	1.53
		5		5.415	4.251	0.220	16.02	1.72	3.97	25.42	2.17	6.42	6.61	1.10	2.98	29.33	1.57
		8	7	8.367	6.568	0.219	23.63	1.68	6.03	37.37	2.11	9.89	9.89	1.09	4.16	47.24	1.68

续表

角钢号数	尺寸/mm b	尺寸/mm d	尺寸/mm r	截面面积/cm²	理论质量/(kg·m⁻¹)	外表面积/(m²·m⁻¹)	x-x I_x/cm⁴	x-x i_x/cm	x-x W_x/cm³	x_0-x_0 I_{x0}/cm⁴	x_0-x_0 i_{x0}/cm	x_0-x_0 W_{x0}/cm³	y_0-y_0 I_{y0}/cm⁴	y_0-y_0 i_{y0}/cm	y_0-y_0 W_{y0}/cm³	x_1-x_1 I_{x1}/cm⁴	z_0/cm
6.3	63	4	7	4.978	3.907	0.248	19.03	1.96	4.13	30.17	2.46	6.78	7.89	1.26	3.29	33.35	1.70
		5		6.143	4.822	0.248	23.17	1.94	5.08	36.77	2.45	8.25	9.57	1.25	3.90	41.73	1.74
		6		7.288	5.721	0.247	27.12	1.93	6.00	43.03	2.43	9.66	11.20	1.24	4.46	50.14	1.78
		8		9.515	7.469	0.247	34.46	1.90	7.75	54.56	2.40	12.25	14.33	1.23	5.47	67.11	1.85
		10		11.657	9.151	0.246	41.09	1.88	9.39	64.85	2.36	14.56	17.33	1.22	6.36	84.31	1.93
7	70	4		5.570	4.372	0.275	26.39	2.18	5.14	41.80	2.74	8.44	10.99	1.40	4.17	45.74	1.86
		5		6.875	5.397	0.275	32.21	2.16	6.32	51.08	2.73	10.32	13.34	1.39	4.95	57.21	1.91
		6	8	8.160	6.406	0.275	37.77	2.15	7.48	59.93	2.71	12.11	15.61	1.38	5.67	68.73	1.95
		7		9.424	7.398	0.275	43.09	2.14	8.59	68.35	2.69	13.81	17.82	1.38	6.34	80.29	1.99
		8		10.667	8.373	0.274	48.17	2.12	9.68	76.37	2.68	15.43	19.98	1.37	6.98	91.92	2.03
7.5	75	5		7.367	5.818	0.295	39.97	2.33	7.32	63.30	2.92	11.94	16.63	1.50	5.77	70.56	2.04
		6		8.797	6.905	0.294	46.95	2.31	8.64	74.38	2.90	14.02	19.51	1.49	6.67	84.55	2.07
		7	9	10.160	7.976	0.294	53.57	2.30	9.93	84.96	2.89	16.02	22.18	1.48	7.44	98.71	2.11
		8		11.503	9.030	0.294	59.96	2.28	11.20	95.07	2.88	17.93	24.86	1.47	8.19	112.97	2.15
		10		14.126	11.089	0.293	71.98	2.26	13.64	113.92	2.84	21.84	30.05	1.46	9.56	141.71	2.22
8	80	5		7.912	6.211	0.315	48.79	2.48	8.34	77.33	3.13	13.67	20.25	1.60	6.66	85.36	2.15
		6		9.397	7.376	0.314	57.35	2.47	9.87	90.98	3.11	16.08	23.72	1.59	7.65	102.50	2.19
		7		10.860	8.525	0.314	65.58	2.46	11.37	104.07	3.10	18.40	27.09	1.58	8.58	119.70	2.23
		8	9	12.303	9.658	0.314	73.49	2.44	12.83	116.60	3.08	20.61	30.39	1.57	9.46	136.97	2.27
		10		15.126	11.874	0.313	88.43	2.42	15.64	140.09	3.04	24.76	36.77	1.56	11.08	171.74	2.35

参考数值

续表

角钢号数	尺寸/mm			截面面积/cm²	理论质量/(kg·m⁻¹)	外表面积/(m²·m⁻¹)	参考数值											
							$x-x$			x_0-x_0			y_0-y_0			x_1-x_1	$z_0/$
	b	d	r				$I_x/$ cm⁴	$i_x/$ cm	$W_x/$ cm³	$I_{x0}/$ cm⁴	$i_{x0}/$ cm	$W_{x0}/$ cm³	$I_{y0}/$ cm⁴	$i_{y0}/$ cm	$W_{y0}/$ cm³	$I_{x1}/$ cm⁴	cm
9	90	6	10	10.637	8.350	0.354	82.77	2.79	12.61	131.26	3.51	30.63	34.28	1.80	9.95	145.87	2.44
		7		12.301	9.656	0.354	94.83	2.78	14.54	150.47	3.50	23.64	39.18	1.78	11.19	170.30	2.48
		8		13.944	10.946	0.353	106.47	2.76	16.42	168.97	3.48	26.55	43.97	1.78	12.35	194.80	2.52
		10		17.167	13.476	0.353	128.58	2.74	20.07	203.90	3.45	32.04	53.26	1.76	14.52	244.07	2.59
		12		20.306	15.940	0.352	149.22	2.71	23.57	236.21	3.41	37.12	62.22	1.75	16.49	293.76	2.67
10	100	6	12	11.932	9.366	0.393	114.95	3.01	15.68	181.98	3.90	25.74	47.92	2.00	12.69	200.07	2.67
		7		13.796	10.830	0.393	131.86	3.09	18.10	208.97	3.89	29.55	54.74	1.99	14.26	233.54	2.71
		8		15.638	12.276	0.393	148.24	3.08	20.47	235.07	3.88	33.24	61.41	1.98	15.75	267.09	2.76
		10		19.261	15.120	0.392	179.51	3.05	25.06	284.68	3.84	40.26	74.35	1.96	18.54	334.48	2.84
		12		22.800	17.898	0.391	208.90	3.03	29.48	330.95	3.81	46.80	86.84	1.95	21.08	402.34	2.91
		14		26.256	20.611	0.391	236.53	3.00	33.73	374.06	3.77	52.90	99.00	1.94	23.44	470.75	2.99
		16		29.627	23.257	0.390	262.53	2.98	37.82	414.16	3.74	58.57	110.89	1.94	25.63	539.80	3.06
11	110	7	12	15.196	11.928	0.433	177.16	3.41	22.05	280.94	4.30	36.12	73.38	2.20	17.51	310.64	2.96
		8		17.238	13.532	0.433	199.46	4.04	24.95	316.49	4.28	40.69	82.42	2.19	19.39	355.20	3.01
		10		21.261	16.690	0.432	242.19	3.38	30.60	384.39	4.25	49.42	99.98	2.17	22.91	444.65	3.09
		12		25.200	19.782	0.431	282.55	3.35	36.05	448.17	4.22	57.62	116.93	2.15	26.15	534.60	3.16
		14		29.056	22.809	0.431	320.71	3.32	41.31	508.01	4.18	65.31	133.40	2.14	29.14	625.16	3.24

续表

角钢号数	尺寸/mm			截面面积/cm²	理论质量/(kg·m⁻¹)	外表面积/(m²·m⁻¹)	参考数值											
							$x-x$			x_0-x_0			y_0-y_0			x_1-x_1	z_0/
	b	d	r				I_x/ cm⁴	i_x/ cm	W_x/ cm³	I_{x0}/ cm⁴	i_{x0}/ cm	W_{x0}/ cm³	I_{y0}/ cm⁴	i_{y0}/ cm	W_{y0}/ cm³	I_{x1}/ cm⁴	cm
12.5	125	8	14	19.750	15.504	0.492	297.03	3.88	32.52	470.89	4.88	53.28	123.16	2.50	25.86	521.01	3.37
		10		24.373	19.133	0.491	361.67	3.85	39.97	573.89	4.85	64.93	149.46	2.48	30.62	651.93	3.45
		12		28.912	22.696	0.491	423.16	3.83	41.17	671.44	4.82	76.96	174.88	2.46	35.03	783.42	3.53
		14		33.367	26.193	0.490	481.65	3.80	54.16	763.73	4.78	86.41	199.57	2.45	39.13	915.61	3.61
14	140	10	14	27.373	21.488	0.551	514.65	4.34	50.58	817.27	5.46	82.56	212.04	2.78	39.20	915.11	3.82
		12		32.512	25.522	0.551	603.68	4.31	59.80	958.79	5.43	96.85	248.57	2.76	45.02	1 099.28	3.90
		14		37.567	29.490	0.550	688.81	3.28	68.75	1 093.56	5.40	110.47	284.06	2.75	50.45	1 284.22	3.98
		16		42.539	33.393	0.549	770.24	4.26	77.46	1 221.81	5.36	123.42	318.67	2.74	55.55	1 470.07	4.06
16	160	10	16	31.502	24.729	0.630	779.53	4.98	66.70	1 237.30	6.27	109.36	321.76	3.20	52.76	1 365.33	4.31
		12		37.441	29.391	0.630	916.58	4.95	78.98	1 455.68	6.24	128.67	377.49	3.18	60.74	1 639.57	4.39
		14		43.296	33.987	0.629	1 048.36	4.92	90.95	1 665.02	6.20	147.17	431.70	3.16	68.24	1 914.68	4.47
		16		49.067	38.518	0.629	1 175.08	4.89	102.63	1 865.57	6.17	164.89	484.59	3.14	75.31	2 190.82	4.55
18	180	12	16	42.241	35.159	0.710	1 321.35	5.59	100.82	2 100.10	7.05	165.00	542.61	3.58	78.41	2 332.80	4.89
		14		48.896	38.388	0.709	1 514.48	5.56	116.25	2 407.42	7.02	189.14	625.53	3.56	88.38	2 723.48	4.97
		16		55.467	43.542	0.709	1 700.99	5.54	131.13	2 703.37	6.98	212.40	698.0	3.55	97.83	3 115.29	5.05
		18		61.955	48.634	0.708	1 875.12	5.50	145.64	2 988.24	6.94	234.78	762.01	3.51	105.14	3 502.43	5.13
20	200	14	18	54.642	42.894	0.788	2 103.55	6.20	144.70	3 343.26	7.82	236.40	863.83	3.98	111.82	3 734.10	5.46
		16		62.013	48.680	0.788	2 366.15	6.18	163.65	3 760.80	7.79	265.93	971.41	3.96	123.96	4 270.39	5.54
		18		69.301	54.401	0.787	2 620.64	6.15	182.22	4 164.54	7.75	294.48	1 076.74	3.94	135.52	4 808.13	5.62
		20		76.505	60.056	0.787	2 867.30	6.12	200.42	4 554.55	7.72	322.06	1 180.04	3.93	146.55	5 347.51	5.69
		24		90.661	71.168	0.785	2 338.25	6.07	236.17	5 294.97	7.64	374.41	1 381.53	3.90	166.55	6 457.16	5.87

注：截面图中的 $r_1 = \frac{1}{3}d$ 及表中 r 值的数据用于孔型设计，不作交货条件。

表2 热轧不等边角钢（GB/T 9788—1988）

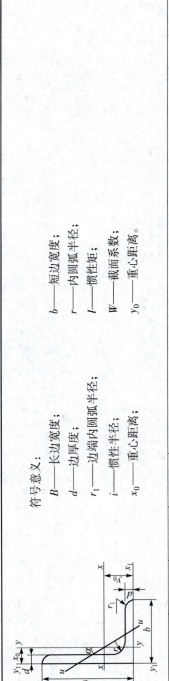

符号意义：
B——长边宽度；
b——短边宽度；
d——边厚度；
r——内圆弧半径；
r_1——边端内圆弧半径；
I——惯性矩；
i——惯性半径；
W——截面系数；
x_0——重心距离；
y_0——重心距离。

角钢号数	尺寸/mm |||| 截面面积/cm²	理论质量/(kg·m⁻¹)	外表面积/(m²·m⁻¹)	参 考 数 值															
								$x-x$			$y-y$			x_1-x_1		y_1-y_1		$u-u$			
	B	b	d	r				I_x/cm⁴	i_x/cm	W_x/cm³	I_y/cm⁴	i_y/cm	W_y/cm³	I_{x1}/cm⁴	y_0/cm	I_{y1}/cm⁴	x_0/cm	I_u/cm⁴	i_u/cm	W_u/cm³	$\tan\alpha$
2.5/1.6	25	16	3	3.5	1.162	0.912	0.080	0.70	0.78	0.43	0.22	0.44	0.19	1.56	0.86	0.43	0.42	0.14	0.34	0.16	0.392
			4		1.499	1.176	0.079	0.88	0.77	0.55	0.27	0.43	0.24	2.09	0.90	0.59	0.46	0.17	0.34	0.20	0.381
3.2/2	32	20	3	3.5	1.492	1.171	0.102	1.53	1.01	0.72	0.46	0.55	0.30	3.27	1.08	0.82	0.49	0.28	0.43	0.25	0.382
			4		1.939	1.522	0.101	1.93	1.00	0.93	0.57	0.54	0.39	4.37	1.12	1.12	0.53	0.35	0.42	0.32	0.374
4/2.5	40	25	3	4	1.890	1.484	0.127	3.08	1.28	1.15	0.93	0.70	0.49	6.39	1.32	1.59	0.59	0.56	0.54	0.40	0.386
			4		2.467	1.936	0.127	3.93	1.26	1.49	1.18	0.69	0.63	8.53	1.37	2.14	0.63	0.71	0.54	0.52	0.381
4.5/2.8	45	28	3	5	2.149	1.687	0.143	4.45	1.44	1.47	1.34	0.79	0.62	9.10	1.47	2.23	0.64	0.80	0.61	0.51	0.383
			4		2.806	2.203	0.143	5.69	1.42	1.91	1.70	0.78	0.80	12.13	1.51	3.00	0.68	1.02	0.60	0.66	0.380
5/3.2	50	32	3	5.5	2.431	1.908	0.161	6.24	1.60	1.84	2.02	0.91	0.82	12.49	1.60	3.31	0.73	1.20	0.70	0.68	0.404
			4		3.177	2.494	0.160	8.02	1.59	2.39	2.58	0.90	1.06	16.65	1.65	4.45	0.77	1.53	0.69	0.87	0.402
5.6/3.6	56	36	3	6	2.743	2.153	0.181	8.88	1.80	2.32	2.92	1.03	1.05	17.54	1.78	4.70	0.80	1.73	0.79	0.87	0.408
			4		3.590	2.818	0.180	11.45	1.79	3.03	3.76	1.02	1.37	23.39	1.82	6.33	0.85	2.23	0.79	1.13	0.408
			5		4.415	3.466	0.180	13.86	1.77	3.71	4.49	1.01	1.65	29.25	1.87	7.94	0.88	2.67	0.78	1.36	0.404

续表

角钢号数	B	b	d	r	截面面积/cm²	理论质量/(kg·m⁻¹)	外表面积/(m²·m⁻¹)	I_x/cm⁴	i_x/cm	W_x/cm³	I_y/cm⁴	i_y/cm	W_y/cm³	I_{x1}/cm⁴	y_0/cm	I_{y1}/cm⁴	x_0/cm	I_u/cm⁴	i_u/cm	W_u/cm³	$\tan\alpha$
6.3/4	63	40	4	7	4.058	3.185	0.202	16.49	2.02	3.87	5.23	1.14	1.70	33.30	2.04	8.63	0.92	3.12	0.88	1.40	0.398
			5		4.993	3.920	0.202	20.02	2.00	4.74	6.31	1.12	2.71	41.63	2.08	10.86	0.95	3.76	0.87	1.71	0.396
			6		5.908	4.638	0.201	23.36	1.96	5.59	7.29	1.11	2.43	49.98	2.12	13.12	0.99	4.34	0.86	1.99	0.393
			7		6.802	5.339	0.201	26.53	1.98	6.40	8.24	1.10	2.78	58.07	2.15	15.47	1.03	4.97	0.86	2.29	0.389
7/4.5	70	45	4	7.5	4.547	3.570	0.225	23.17	2.26	4.86	7.55	1.29	2.17	45.92	2.24	12.26	1.02	4.40	0.98	1.77	0.410
			5		5.609	4.403	0.225	27.95	2.23	5.92	9.13	1.28	2.65	57.10	2.28	15.39	1.06	5.40	0.98	2.19	0.407
			6		6.647	5.218	0.225	32.54	2.21	6.95	10.62	1.26	3.12	68.35	2.32	18.58	1.09	6.35	0.98	2.59	0.404
			7		7.657	6.011	0.225	37.22	2.20	8.03	12.01	1.25	3.57	79.99	2.36	21.84	1.13	7.16	0.97	2.94	0.402
7.5/5	75	50	5	8	6.125	4.808	0.245	34.86	2.39	6.83	12.61	1.44	3.30	70.00	2.40	21.04	1.17	7.41	1.10	2.74	0.435
			6		7.260	5.699	0.245	41.12	2.38	8.12	14.70	1.42	3.88	84.30	2.44	25.37	1.21	8.54	1.08	3.19	0.435
			8		9.467	7.431	0.244	52.39	2.35	10.52	18.53	1.40	4.99	112.50	2.52	34.23	1.29	10.87	1.07	4.10	0.429
			10		11.590	9.098	0.244	62.71	2.33	12.79	21.96	1.38	6.04	140.80	2.60	43.43	1.36	13.10	1.06	4.99	0.423
8/5	80	50	5	8	6.375	5.005	0.255	41.96	2.56	7.78	12.82	1.42	3.32	85.21	2.60	21.06	1.14	7.66	1.10	2.74	0.388
			6		7.560	5.935	0.255	49.49	2.56	9.25	14.95	1.41	3.91	102.53	2.65	25.41	1.18	8.85	1.08	3.20	0.387
			7		8.724	6.848	0.255	56.16	2.54	10.58	16.96	1.39	4.48	119.33	2.69	29.82	1.21	10.18	1.08	3.70	0.384
			8		9.867	7.745	0.254	62.83	2.52	11.92	18.85	1.38	5.03	136.41	2.73	34.32	1.25	11.38	1.07	4.16	0.381
9/5.6	90	56	5	9	7.212	5.661	0.287	60.45	2.90	9.92	18.32	1.59	4.21	121.32	2.91	29.53	1.25	10.98	1.23	3.49	0.385
			6		8.557	6.717	0.286	71.03	2.88	11.74	21.42	1.58	4.96	145.59	2.95	35.58	1.29	12.90	1.23	4.18	0.384
			7		9.880	7.756	0.286	81.01	2.86	13.49	24.36	1.57	5.70	169.66	3.00	41.71	1.33	14.67	1.22	4.72	0.382
			8		11.183	8.779	0.286	91.03	2.85	15.27	27.15	1.56	6.41	194.17	3.04	47.93	1.36	16.34	1.21	5.29	0.380

续表

角钢号数	B	b	d	r	截面面积/cm²	理论质量/(kg·m⁻¹)	外表面积/(m²·m⁻¹)	I_x/cm⁴	i_x/cm	W_x/cm³	I_y/cm⁴	i_y/cm	W_y/cm³	I_{x1}/cm⁴	y_0/cm	I_{y1}/cm⁴	x_0/cm	I_u/cm⁴	i_u/cm	W_u/cm³	tan α
10/6.3	100	63	6	10	9.617	7.550	0.320	99.06	3.21	14.64	30.94	1.79	6.35	199.71	3.24	50.50	1.43	18.42	1.38	5.25	0.394
			7		11.111	8.722	0.320	113.45	3.29	16.88	35.26	1.78	7.29	233.00	3.28	59.14	1.47	21.00	1.38	6.02	0.393
			8		12.584	9.878	0.319	127.37	3.18	19.08	39.39	1.77	8.21	266.32	3.32	67.88	1.50	23.50	1.37	6.78	0.391
			10		15.467	12.142	0.319	153.81	3.15	23.32	47.12	1.74	9.98	333.06	3.40	85.73	1.58	28.33	1.35	8.24	0.387
10/8	100	80	6	10	10.637	8.350	0.354	107.04	3.17	15.19	61.24	2.40	10.16	199.83	2.95	102.68	1.97	31.65	1.72	8.37	0.627
			7		12.301	9.656	0.354	122.73	3.16	17.52	70.08	2.39	11.71	233.20	3.00	119.98	2.01	36.17	1.72	9.60	0.626
			8		13.944	10.946	0.353	137.92	3.14	19.81	78.58	2.37	13.21	266.61	3.04	137.37	2.05	40.58	1.71	10.80	0.625
			10		17.167	13.476	0.353	166.87	3.12	24.24	94.65	2.35	16.12	333.63	3.12	172.48	2.13	49.10	1.69	13.12	0.622
11/7	110	70	6	10	10.637	8.350	0.354	133.57	3.54	17.85	42.92	2.01	7.90	265.78	3.53	69.08	1.57	25.36	1.54	6.53	0.403
			7		12.301	9.656	0.354	153.00	3.53	20.60	49.01	2.00	9.09	310.07	3.57	80.82	1.61	28.95	1.53	7.50	0.402
			8		13.944	10.946	0.353	172.04	3.51	23.30	54.87	1.98	10.25	354.39	3.62	92.70	1.65	32.45	1.53	8.45	0.401
			10		17.167	13.476	0.353	208.39	3.48	28.54	65.88	1.96	12.48	443.13	3.70	116.83	1.72	39.20	1.51	10.29	0.397
12.5/8	125	80	7	11	14.096	11.066	0.403	277.98	4.02	26.86	74.42	2.30	12.01	454.99	4.01	120.32	1.80	43.81	1.76	9.92	0.408
			8		15.989	12.551	0.403	256.77	4.01	30.41	83.49	2.28	13.56	519.99	4.06	137.85	1.84	49.15	1.75	11.18	0.407
			10		19.712	15.474	0.402	312.04	3.98	37.33	100.67	2.26	16.56	650.99	4.14	173.40	1.92	59.45	1.74	13.64	0.404
			12		23.351	18.330	0.402	364.41	3.95	44.01	116.67	2.24	19.43	780.39	4.22	209.67	2.00	69.35	1.72	16.01	0.400
14/9	140	90	8	12	18.038	14.160	0.453	365.64	4.50	38.48	120.69	2.59	17.34	730.53	4.50	195.79	2.04	70.83	1.98	14.31	0.411
			10		22.261	17.475	0.452	445.50	4.47	47.31	146.03	2.56	21.22	913.20	4.58	245.92	2.12	85.82	1.96	17.48	0.409
			12		26.400	20.724	0.451	521.59	4.44	55.87	169.79	2.54	24.95	1 096.09	4.66	296.89	2.19	100.21	1.95	20.54	0.406
			14		30.456	23.908	0.451	594.10	4.42	64.18	192.10	2.51	28.54	1 279.26	4.74	348.82	2.27	114.13	1.94	23.52	0.403

续表

角钢号数	尺寸/mm B	b	d	r	截面面积/cm²	理论质量/(kg·m⁻¹)	外表面积/(m²·m⁻¹)	I_x/cm⁴	i_x/cm	W_x/cm³	I_y/cm⁴	i_y/cm	W_y/cm³	I_{x1}/cm⁴	y_0/cm	I_{y1}/cm⁴	x_0/cm	I_u/cm⁴	i_u/cm	W_u/cm³	$\tan \alpha$
16/10	160	100	10	13	25.315	19.872	0.512	668.69	5.14	62.13	205.03	2.85	26.56	1 362.89	5.24	336.59	2.28	121.74	2.19	21.92	0.390
			12		30.054	23.592	0.511	784.91	5.11	73.49	239.06	2.82	31.28	1 635.56	5.32	405.94	2.36	142.33	2.17	25.79	0.388
			14		34.709	27.247	0.510	896.30	5.08	84.56	271.20	2.80	35.83	1 908.50	5.40	476.42	2.43	162.23	2.16	29.56	0.385
			16		39.281	30.835	0.510	1 003.04	5.05	95.33	301.60	2.77	40.24	2 181.79	5.48	548.22	2.51	182.57	2.16	33.44	0.382
18/11	180	110	10	14	28.373	22.273	0.571	956.25	5.80	78.96	278.11	3.13	32.49	1 940.40	5.89	447.22	2.44	166.50	2.42	26.88	0.376
			12		33.721	26.464	0.571	1 124.72	5.78	93.53	325.03	3.10	34.32	2 328.38	5.98	538.94	2.52	194.87	2.40	31.66	0.374
			14		38.967	30.589	0.570	1 286.91	5.75	107.76	369.55	3.08	43.97	2 716.60	6.06	631.95	2.59	222.30	2.39	36.32	0.372
			16		44.139	34.649	0.569	1 443.06	5.72	121.64	411.85	3.06	49.44	3 105.15	6.14	726.46	2.67	248.94	2.38	40.87	0.369
20/12.5	200	125	12		37.912	29.761	0.641	1 570.90	6.44	116.73	483.16	3.57	49.99	3 193.85	6.54	787.74	2.83	285.79	2.74	41.23	0.392
			14		42.86	34.436	0.640	1 800.97	6.41	134.65	550.83	3.54	57.44	3 726.17	6.02	922.47	2.91	326.58	2.73	47.34	0.390
			16		49.739	39.045	0.639	2 023.35	6.38	152.18	615.44	3.52	64.69	4 258.86	6.70	1 058.86	2.99	366.21	2.71	53.32	0.388
			18		55.526	43.588	0.639	2 238.30	6.35	169.33	677.19	3.49	71.74	4 792.00	6.78	1 197.13	3.06	404.83	2.70	59.18	0.385

注：1. 括号内型号不推荐使用。

2. 截面图中的 $r_1 = \dfrac{1}{3} d$ 及表中 r 的数据用于孔型设计，不作交货条件。

表3 热轧工字钢（GB/T 706—1988）

符号意义：
h——高度；
b——腿宽度；
d——腰厚度；
t——平均腿厚度；
r——内圆弧半径；
r_1——腿端圆弧半径；
I——惯性矩；
W——截面系数；
i——惯性半径；
S——半截面的静矩。

型号	尺寸/mm						截面面积/cm²	理论质量/(kg·m⁻¹)	参考数值						
									x—x				y—y		
	h	b	d	t	r	r_1			I_x/cm^4	W_x/cm^3	i_x/cm	$i_x:S_x/\text{cm}$	I_y/cm^4	W_y/cm^3	i_y/cm
10	100	68	4.5	7.6	6.5	3.3	14.3	11.2	245	49	4.14	8.59	33	9.72	1.52
12.6	126	74	5	8.4	7	3.5	18.1	14.2	488.43	77.529	5.195	10.85	46.906	12.677	1.609
14	140	80	5.5	9.1	7.5	3.8	21.5	16.9	712	102	5.76	12	64.4	16.1	1.73
16	160	88	6	9.9	8	4	26.1	20.5	1 130	141	6.58	13.8	93.1	21.2	1.89
18	180	94	6.5	10.7	8.5	4.3	30.6	24.1	1 660	185	7.36	15.4	122	26	2
20a	200	100	7	11.4	9	4.5	35.5	27.9	2 370	237	8.15	17.2	158	31.5	2.12
20b	200	102	9	11.4	9	4.5	39.5	31.1	2 500	250	7.96	16.9	169	33.1	2.06
22a	200	110	7.5	12.3	9.5	4.8	42	33	3 400	309	8.99	18.9	225	40.9	2.31
22b	220	112	9.5	12.3	9.5	4.8	46.4	36.4	3 570	325	8.78	18.7	239	42.7	2.27
25a	250	116	8	13	10	5	48.5	38.1	5 023.54	401.88	10.18	21.58	280.046	48.283	2.403
25b	250	118	10	13	10	3	53.5	42	5 283.96	422.72	9.938	21.27	309.297	52.423	2.404
28a	280	122	8.5	13.7	10.5	5.3	55.45	43.4	7 114.14	508.15	11.32	24.62	345.051	56.565	2.495
28b	280	124	10.5	13.7	10.5	5.3	61.05	47.9	7 480	534.29	11.08	24.24	379.496	61.209	2.493

续表

型号	尺寸/mm						截面面积/cm²	理论质量/(kg·m⁻¹)	参考数值						
									$x-x$				$y-y$		
	h	b	d	t	r	r_1			I_x/cm^4	W_x/cm^3	i_x/cm	$i_x:S_x/\text{cm}$	I_y/cm^4	W_y/cm^3	i_y/cm
32a	320	130	9.5	15	11.5	5.8	67.05	52.7	11 075.5	692.2	12.84	27.46	459.93	70.758	2.619
32b	320	132	11.5	15	11.5	5.8	73.45	57.7	11 621.4	726.33	12.58	27.09	501.93	75.989	2.614
32c	320	134	13.5	15	11.5	5.8	79.95	62.8	12 167.5	760.47	12.34	26.77	543.81	81.166	2.608
36a	360	136	10	15.8	12	6	76.3	59.9	15 760	875	14.4	30.7	552	81.2	2.69
36b	360	138	12	15.8	12	6	83.5	65.6	16 530	919	14.1	30.3	582	84.3	2.64
36c	360	140	14	15.8	12	6	90.7	71.2	17 310	962	13.8	29.9	612	87.4	2.6
40a	400	142	10.5	16.5	12.5	6.3	86.1	67.6	21 720	1 090	15.9	34.1	660	93.2	2.77
40b	400	144	12.5	16.5	12.5	6.3	94.1	73.8	22 780	1 140	15.6	33.6	692	96.2	2.71
40c	400	146	14.5	16.5	12.5	6.3	102	80.1	23 850	1 190	15.2	33.2	727	99.6	2.65
45a	450	150	11.5	18	13.5	6.8	102	80.4	32 240	1 430	17.7	38.6	855	114	2.89
45b	450	152	13.5	18	13.5	6.8	111	87.4	33 760	1 500	17.4	38	894	118	2.84
45c	450	154	15.5	18	13.5	6.8	120	94.5	35 280	1 570	17.1	37.6	938	122	2.79
50a	500	158	12	20	14	7	119	93.6	46 470	1 860	19.7	42.8	1 120	142	3.07
50b	500	160	14	20	14	7	129	101	48 560	1 940	19.4	42.4	1 170	146	3.01
50c	500	162	16	20	14	7	139	109	50 640	2 080	19	41.8	1 220	151	2.96
56a	560	166	12.5	21	14.5	7.3	135.25	106.2	65 585.6	2 342.31	22.02	47.73	1 370.16	165.08	3.182
56b	560	168	14.5	21	14.5	7.3	146.45	115	68 512.5	2 446.69	21.63	47.17	1 486.75	174.25	3.162
56c	560	170	16.5	21	14.5	7.3	157.85	123.9	71 439.4	2 551.41	21.27	46.66	1 558.39	183.34	3.158
63a	630	176	13	22	15	7.5	154.9	121.5	93 916.2	2 981.47	24.62	54.17	1 700.55	193.24	3.314
63b	630	178	15	22	15	7.5	167.5	131.5	98 083.6	3 163.38	24.2	53.51	1 812.07	203.6	3.298
63c	630	180	17	22	15	7.5	180.1	141	102 251.1	3 298.42	23.82	52.92	1 924.91	213.88	3.268

注：截面图和表中标注的圆弧半径 r、r_1 的数据用于孔型设计，不作交货条件。

表 4　热轧槽型钢（GB/T 707—1988）

符号意义：

h——高度；
b——腿宽度；
d——腰厚度；
t——平均腿厚度；
r——内圆弧半径；
r_1——腿端圆弧半径；
I——惯矩；
W——截面模量；
i——惯性半径；
z_0——$y—y$ 轴与 $y_1—y_1$ 轴间距。

型号	尺寸/mm						截面面积/cm²	理论质量/(kg·m⁻¹)	参考数值							
									x—x			y—y			$y_1—y_1$	
	h	b	d	t	r	r_1			W_x/cm^3	I_x/cm^4	i_x/cm	W_y/cm^3	I_y/cm^4	i_y/cm	I_{y1}/cm^4	z_0/cm
5	50	37	4.5	7	7	3.5	6.93	5.44	10.4	26	1.94	3.55	8.3	1.1	20.9	1.35
6.3	63	40	4.8	7.5	7.5	3.75	8.444	6.63	16.123	50.786	2.453	4.50	11.872	1.185	28.38	1.36
8	80	43	5	8	8	4	10.24	8.04	25.3	101.3	3.15	5.79	16.6	1.27	37.4	1.43
10	100	48	5.3	8.5	8.5	4.25	12.74	10	39.7	198.3	3.95	7.8	25.6	1.41	54.9	1.52
12.6	126	53	5.5	9	9	4.5	15.69	12.37	62.137	391.466	4.953	10.242	37.99	1.567	77.09	1.59
14a	140	58	6	9.5	9.5	4.75	18.51	14.53	80.5	563.7	5.52	13.01	53.2	1.7	107.1	1.71
14b	140	60	8	9.5	9.5	4.75	21.31	16.73	87.1	609.4	5.35	14.02	61.1	1.69	120.6	1.67
16a	160	63	6.5	10	10	5	21.95	17.23	108.3	866.2	6.28	16.3	73.3	1.83	144.1	1.8
16b	160	63	8.5	10	10	5	25.15	19.74	116.8	934.5	6.1	17.55	83.4	1.82	160.8	1.75
18a	180	68	7	10.5	10.5	5.25	25.69	20.17	141.4	1 272.7	7.04	20.03	98.6	1.96	189.7	1.88
18b	180	70	9	10.5	10.5	5.25	29.29	22.99	152.2	1 369.9	6.84	21.52	111	1.95	210.1	1.84
20a	200	73	7	11	11	5.5	28.83	22.63	178	1 780.4	7.86	24.2	128	2.11	244	2.01
20b	200	73	9	11	11	5.5	32.83	25.77	191.4	1 913.7	7.64	25.88	143.6	2.09	268.4	1.95

续表

型号	尺寸/mm						截面面积/cm²	理论质量/(kg·m⁻¹)	参考数值							
	h	b	d	t	r	r_1			$x—x$			$y—y$			$y_1—y_1$	z_0/cm
									W_x/cm³	I_x/cm⁴	i_x/cm	W_y/cm³	I_y/cm⁴	i_y/cm	I_{y1}/cm⁴	
22a	220	77	7	11.5	11.5	5.75	31.84	24.99	217.9	2 393.9	8.67	28.17	157.8	2.23	298.2	2.1
22b	220	79	9	11.5	11.5	5.75	36.24	28.45	233.8	2 571.4	8.42	30.05	176.4	2.21	326.3	2.03
25a	250	78	7	12	12	6	34.91	27.47	269.597	3 369.62	9.823	30.607	175.529	2.243	322.256	2.065
25b	250	80	9	12	12	6	39.91	31.39	282.402	3 530.04	9.405	32.657	196.421	2.218	353.187	1.982
25c	250	82	11	12	12	6	44.91	35.32	295.236	3 690.45	9.065	35.926	218.415	2.206	384.133	1.921
28a	280	82	7.5	12.5	12.5	6.25	40.02	31.42	340.328	4 764.59	10.91	35.718	217.989	2.333	387.566	2.097
28b	280	84	9.5	12.5	12.5	6.25	45.62	35.81	366.46	5 130.45	10.6	37.929	242.144	2.304	427.589	2.016
28c	280	86	11.5	12.5	12.5	6.25	51.22	40.21	392.594	5 496.32	10.35	40.301	267.602	2.286	426.597	1.951
32a	320	88	8	14	14	7	48.7	38.22	474.897	7 598.06	12.49	46.473	304.787	2.502	552.31	2.242
32b	320	90	10	14	14	7	55.1	43.25	509.012	8 144.2	12.15	49.157	336.332	2.471	592.933	2.158
32c	320	92	12	14	14	7	61.5	48.28	543.145	8 690.33	11.88	52.642	374.175	2.467	643.299	2.092
36a	360	96	9	16	16	8	60.89	47.8	659.1	11 874.2	13.97	63.54	455	2.73	818.4	2.44
36b	360	98	11	16	16	8	68.09	53.45	702.9	12 651.8	13.63	66.85	496.7	2.7	880.4	2.37
36c	360	100	13	16	16	8	75.29	50.1	746.1	13 429.4	13.36	70.02	536.4	2.67	947.9	2.34
40a	400	100	10.5	18	18	9	75.05	58.91	878.9	17 577.9	15.30	78.83	592	2.81	1 067.7	2.49
40b	400	102	12.5	18	18	9	83.05	65.19	932.2	18 644.5	14.98	82.52	640	2.78	1 135.6	2.44
40c	400	104	14.5	18	18	9	91.05	71.47	985.6	19 711.2	14.71	86.19	687.8	2.75	1 220.7	2.42

注：截面图和表中标注的圆弧半径 r、r_1 的数据用于孔型设计，不作交货条件。

参 考 文 献

[1] 张定华. 工程力学 [M]. 北京：高等教育出版社，2000.
[2] 范钦珊. 材料力学 [M]. 北京：高等教育出版社，2004.
[3] 聂毓琴，孟广伟. 材料力学 [M]. 北京：机械工业出版社，2004.
[4] 陈传尧. 工程力学基础 [M]. 武汉：华中理工大学出版社，1999.
[5] 李鸣. 工程力学 [M]. 广州：华南理工大学出版社，2005.
[6] 蔡广新，邹春伟. 工程力学 [M]. 北京：高等教育出版社，2004.
[7] 刘鸿文. 简明材料力学 [M]. 北京：高等教育出版社，1997.
[8] 李龙堂. 工程力学 [M]. 北京：高等教育出版社，1998.